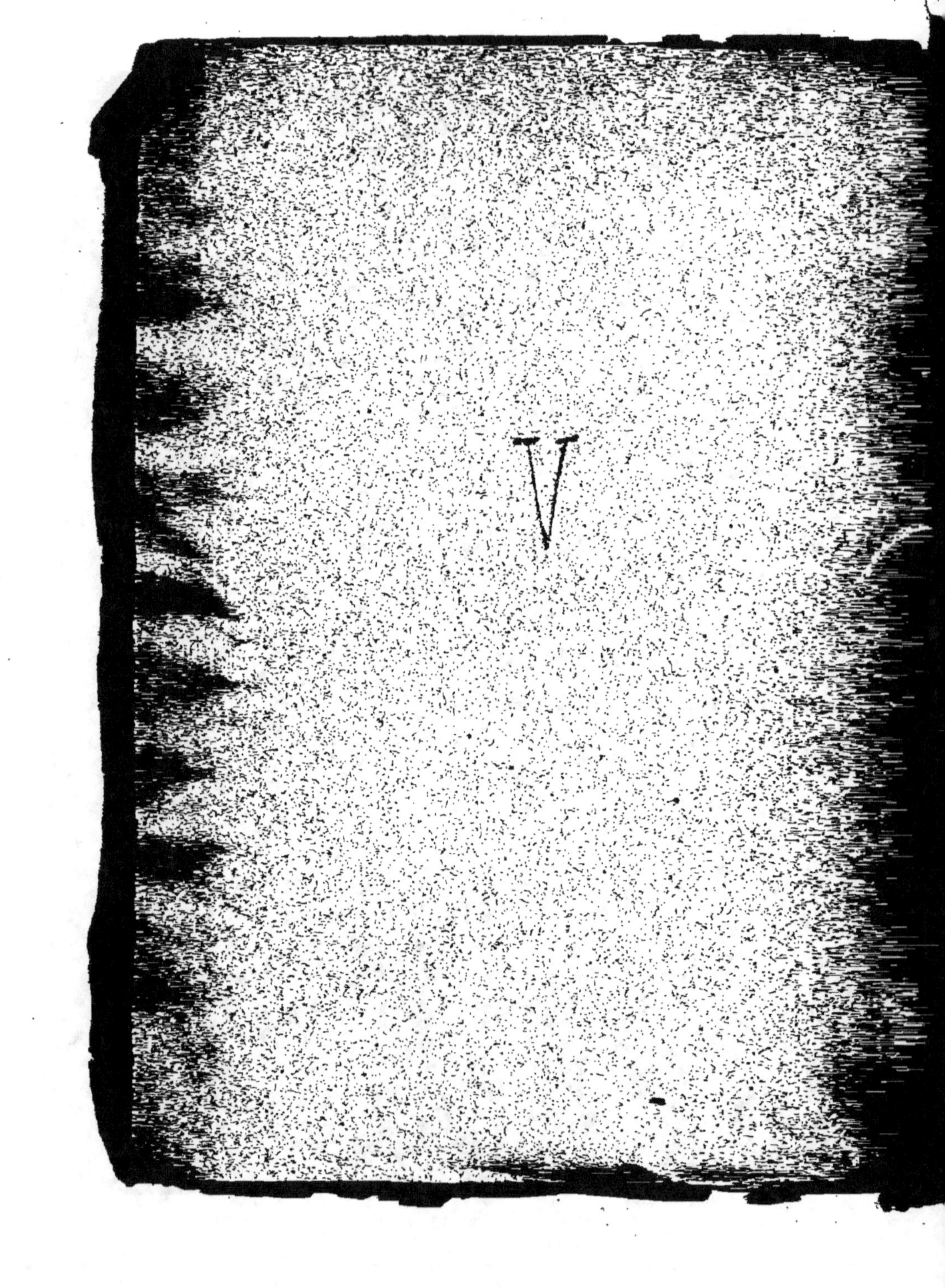

V

AIDE-MÉMOIRE

POUR

L'INFANTERIE.

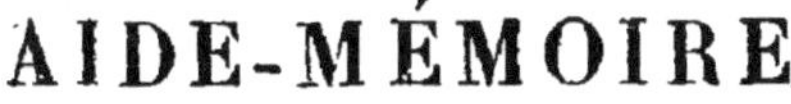

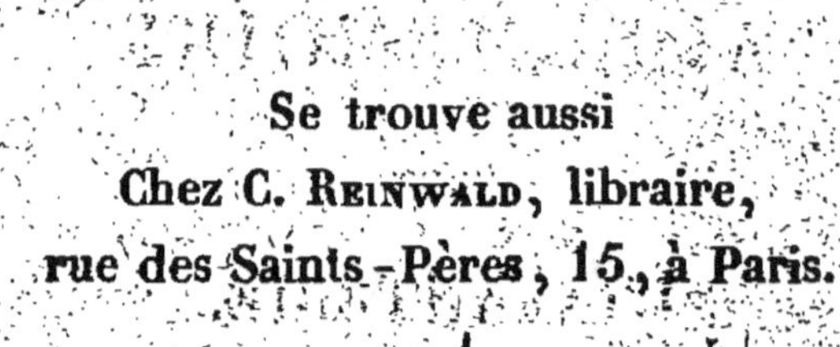

Se trouve aussi

Chez C. REINWALD, libraire,

rue des Saints-Pères, 15, à Paris.

STRASBOURG,

Typo-Lithogr. de V.e BERGER-LEVRAULT et FILS.

AIDE-MÉMOIRE

OU

TABLEAUX SYNOPTIQUES,

en miniature,

DES

MANŒUVRES DE L'INFANTERIE,

d'après l'ordonnance du 4 mars 1831,

PAR LELOUTEREL,

Général de brigade.

4.e Édition.

STRASBOURG,

Chez V.e Berger-Levrault et Fils, Éditeurs

de l'Annuaire militaire.

1853.

AIDE-MÉMOIRE

POUR

L'INFANTERIE.

—

ÉCOLE DE PELOTON.

Dépôt général
à PARIS,

Chez C. REINWALD, Libraire,
Rue des Saints-Pères, 15.

Tous les exemplaires sont signés par l'auteur.

STRASBOURG,
Typo-Lithographie de Vᵉ BERGER-LEVRAULT & FILS.

AIDE-MÉMOIRE

DES
OFFICIERS ET SOUS-OFFICIERS
D'INFANTERIE,

OU

TABLEAUX SYNOPTIQUES,

en miniature,

DE L'ÉCOLE DE PELOTON,

d'après l'ordonnance du 4 mars 1831.

PAR LELOUTEREL,

Général de brigade.

5.e édition.

STRASBOURG,

Chez V.e Berger-Levrault & Fils, Éditeurs,

de l'Annuaire militaire.

1853.

AVERTISSEMENT.

Ce petit volume, particulièrement destiné
aux sous-officiers, servira à leur faire em-
brasser très - promptement l'ensemble de
l'École de peloton et des principes essentiels
sur lesquels elle repose, puisqu'il suffit de
jeter les yeux sur une seule très-petite page
pour chaque mouvement.

EXPLICATIONS.	COMMANDEMENTS	
	de l'instructeur.	des chefs de peloton et de section.

1.re LEÇON.

1.° Ouvrir les rangs.

Le peloton étant correctement aligné et au port d'armes, l'instructeur commande........	1. *En arrière ouvrez vos rangs.*	
Les quatre sous-officiers d'encadrement se portent en arrière; ceux du 1.er rang, sur l'alignement des serre-files, et ceux du 3.e rang, à quatre pas en arrière des serre-files, vis-à-vis leur créneau......	2. MARCHE.	
Les 2.e et 3.e rangs se portent en arrière, et s'alignent entre les sous-officiers d'encadrement, dès que l'alignement est achevé................	3. FIXE.	

Le chef de peloton et le sous-officier d'encadrement de la gauche du 1.er rang reprennent leurs places à ce rang.

Les serre-files se placent à deux pas en arrière du 3.e rang.

EXPLICATIONS.	COMMANDEMENTS	
	de l'instructeur.	des chefs de peloton et de section.

2.° Alignements à rangs ouverts.

Après avoir fait porter trois files de droite ou de gauche en avant, à deux ou trois pas, l'instructeur commande............ 1. *Par file à droite (ou à gauche)* = ALIGNE-MENT.

Les hommes de chaque rang se portent successivement sur l'alignement, en se laissant précéder de deux pas par leur voisin du côté de l'alignement.

Après les alignements successifs, on aligne les trois rangs entiers à la fois, en donnant toujours trois hommes de chaque rang pour base, alors l'instructeur commande.... 1. *A droite (ou à gauche)* = ALIGNE-MENT.

L'instructeur aligne le 1.er rang, le chef de peloton le 2.e, et le remplacement le 3.e; ils se placent à cet effet sur le flanc du côté de l'alignement.

Lorsque l'alignement est achevé, ils passent devant le rang qu'ils ont aligné, et rectifient la position du corps et du port d'armes.

EXPLICATIONS.	COMMANDEMENTS	
	de l'instructeur.	des chefs de peloton et de section.

3.° Maniement des armes.

L'instructeur se place sur le flanc droit, en avant, et de manière à découvrir les trois rangs: ensuite il commande le maniement des armes dans l'ordre qui suit:

Présenter les armes	PORTER LES ARMES.
Reposer sur les armes	
Poser les armes à terre	
Relever les armes	PORTER LES ARMES.
L'arme au bras	PORTER LES ARMES.
Remettre la baïonnette	PORTER LES ARMES.
Passer l'arme sous le bras gauche.	PORTER LES ARMES.
Baïonnette au canon	PORTER LES ARMES.
Croiser la baïonnette	PORTER LES ARMES.
Descendre les armes	PORTER LES ARMES.
Charge en douze temps	

L'instructeur surveille le 1.er rang, le chef de peloton le 2.[e], et le sous-officier de remplacement le 3.[e]

4.° Serrer les rangs.

L'instructeur commande...................	1. *Serrez vos rangs.* 2. MARCHE.
Les deux derniers rangs serrent, au pas ordinaire, chaque homme se dirigeant sur son chef de file.	

EXPLICATIONS.	COMMANDEMENTS	
	de l'instructeur.	des chefs de peloton et de section.

5.° Alignements et maniement des armes à rangs serrés.

Tout cela s'exécute comme à rangs ouverts, seulement le chef de peloton surveille et aligne le 1.er rang; le remplacement surveille et aligne les deux derniers rangs.

Lorsque l'instructeur veut faire reposer, il commande . . . . *En place =* REPOS (ou *bien*) REPOS.

Si, au contraire, il veut faire former les faisceaux, il commande . . . . *Formez les faisceaux.*

2.° LEÇON.

1.° Charge en quatre temps.

Elle est commandée et exécutée comme à l'école du soldat, n.° 182.

2.° Charge à volonté.

Elle est également commandée et exécutée comme à l'école du soldat, n.° 187.

Au premier temps de ces deux charges, le chef de peloton et le sous-officier de remplacement font un *demi-à-droite*, comme les soldats, et se remettent face en tête lorsque le soldat qui est à côté d'eux, passe l'arme à gauche.

EXPLICATIONS.	COMMANDEMENTS	
	dé l'instructeur.	des chefs de peloton et de section.

3.° Feu de peloton.

EXPLICATIONS.	de l'instructeur.	des chefs de peloton et de section.
L'instructeur commande.................	1. *Feu de peloton.*	
Le remplacement recule sur l'alignement des serre-files, et le chef de peloton se porte à quatre pas en arrière des serre-files, vis-à-vis le centre de son peloton.........	2. *Commencez le feu....*	1. *Peloton.* 2. Armes. 3. Joue. 4. Feu. 5. Chargez.
Aussitôt que les armes sont rechargées, le chef de peloton répète les mêmes commandements jusqu'au roulement.		
Pour faire cesser le feu, l'instructeur commande.	1. *Roulement.*	
Et pour faire rentrer le chef de peloton et le remplacement à leurs places de bataille...........	2. *Coup de baguette.*	

Le chef de peloton fait quelquefois tirer obliquement, et alors il fait le commandement d'*oblique à droite* (ou *à gauche*), entre ceux d'Armes et de Joue.

Il fait également redresser les armes quelquefois après le commandement de Joue.

EXPLICATIONS.	COMMANDEMENTS	
	de l'instructeur.	des chefs de peloton et de section.

4.° Feu de deux rangs.

EXPLICATIONS.	COMMANDEMENTS de l'instructeur.	
L'instructeur commande...................	1. *Feu de deux rangs.*	
Le chef de peloton et le remplacement se portent aux places indiquées au feu de peloton........	2. *Peloton.* 3. Armes. 4. *Commencez le feu.*	
Le feu commence par la droite.		
Lorsque l'instructeur veut faire cesser le feu, il commande............	5. *Roulement.*	
Et pour faire rentrer le chef de peloton et le sous-officier de remplacement à leurs places de bataille..............	6. *Coup de baguette.*	

EXPLICATIONS.	COMMANDEMENTS	
	de l'instructeur.	des chefs de peloton et de section.

5.° Feux par le 3.ᵉ rang.

EXPLICATIONS.	de l'instructeur.
L'instructeur commande....................	1. *Face par le* 3.ᵉ *rang.*
Le chef de peloton sort de son créneau, fait face à la file de droite; le remplacement et les serre-files traversent par le créneau; le premier se place à un pas en arrière du chef de peloton; tous les autres passent derrière le remplacement, et se forment face en arrière....	2. *Pelotons.*
Le chef de peloton se porte au 3.ᵉ rang, devenu 1.ᵉʳ, et le remplacement derrière lui au 1.ᵉʳ rang, devenu 3.ᵉ	3. *Demi-tour* ═ A DROITE.
Les feux s'exécutent comme par le 1.ᵉʳ rang et aux mêmes commandements.	
Pour remettre le peloton face par le 1.ᵉʳ rang.	1. *Face par le* 1.ᵉʳ *rang.* 2. *Peloton.* 3. *Demi-tour* ═ A DROITE.

Le chef de peloton, le remplacement et les serre-files exécutent tout ce qui a été dit pour faire face par le 3.ᵉ rang.

EXPLICATIONS.	COMMANDEMENTS	
	de l'instructeur.	des chefs de peloton et de section.

3.ᵉ LEÇON.

1.° Marche en bataille en avant.

L'instructeur se porte à vingt-cinq ou trente pas en avant, face au chef de peloton et au sous-officier de remplacement, et sur leur direction, ensuite il commande. . . . .

1. Peloton en avant.

Un serre-file désigné d'avance se porte à six pas en avant du chef de peloton, et est assuré sur la direction par l'instructeur auquel il fait face; après quoi ce serre-file prend des points à terre dans la ligne droite qui, partant de lui, irait passer entre les talons de l'instructeur, qui commande. . . .

2. Marche.

Les hommes prennent le tact des coudes du côté du sous-officier de direction; celui qui est à côté du chef du peloton, marche un peu en arrière de lui, et conserve toujours la ligne de ses épaules dans une direction parallèle à celle du chef de peloton.

On peut faire marcher en bataille à rangs ouverts,

EXPLICATIONS.	COMMANDEMENTS	
	de l'instructeur.	des chefs de peloton et de section.

dans ce cas, l'instructeur place un serre-file au 2.ᵉ rang.

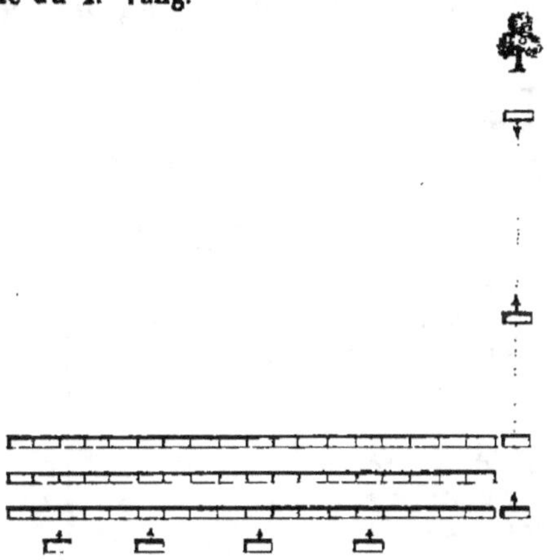

2.° Arrêter le peloton et l'aligner.

L'instruct.ʳ commande	1. *Peloton.* 2. HALTE.	

Le sous-officier de direction reste devant le front, à moins que l'instructeur ne lui donne l'ordre de rentrer.

Si l'alignement est trop défectueux, l'instructeur fait porter trois files en avant pour base, et sur lesquelles le peloton est ensuite aligné.

Si, au contraire, il est peu défectueux, l'instructeur commande seulement... *Chef de peloton, rectifiez l'alignement.*

EXPLICATIONS.	COMMANDEMENTS	
	de l'instructeur.	des chefs de peloton et de section.

3.° Marche oblique en bataille.

EXPLICATIONS.	de l'instructeur.	des chefs de peloton et de section.
Le peloton étant en marche directe, l'instructeur commande........	1. *Oblique à droite* (on *à gauche*) 2. MARCHE.	
Le sous-officier de direction maintient ses épaules carrément et oblique d'un mouvement égal.		
Le chef de peloton conforme sa marche à celle de ce sous-officier.		
Pour faire reprendre la marche directe, l'instructeur commande........	1. *En avant.* 2. MARCHE.	

L'instructeur se porte aussitôt à vingt pas en avant du sous-officier de direction, se place sur le prolongement du chef de peloton et du remplacement, et donne ainsi, par signes, une nouvelle direction au sous-officier qui en est chargé; ce sous-officier prend aussitôt des points à terre, comme il a été expliqué ci-dessus.

EXPLICATIONS.	COMMANDEMENTS	
	de l'instructeur.	des chefs de peloton et de section.

4.° Marquer le pas, marcher le pas accéléré et le pas en arrière.

EXPLICATIONS.	de l'instructeur.	des chefs de peloton et de section.
Pour faire marquer le pas, l'instructeur commande................	1. *Marquez le pas.* 2. MARCHE.	
Pour faire marcher en avant, il commande....	1. *En avant.* 2. MARCHE.	
Pour faire prendre le pas accéléré.............	1. *Pas accéléré.* 2. MARCHE.	
Pour reprendre le pas ordinaire.............	1. *Pas ordinaire.* 2. MARCHE.	
Le peloton étant de pied ferme, pour le faire marcher en arrière, l'instructeur commande....	1. *Peloton en arrière.* 2. MARCHE.	

On peut faire marcher en arrière quinze à vingt pas de suite, mais seulement de temps à autre.

EXPLICATIONS.	COMMANDEMENTS	
	de l'instructeur.	des chefs de peloton et de section.

5.° Marche en bataille en retraite.

Le peloton étant de pied ferme, l'instructeur commande............	1. *Peloton.* 2. *Demi-tour* = A DROITE.	
Ensuite l'instructeur se porte vingt-cinq à trente pas en avant, face au sous-officier de remplacement, et sur la direction de ce dernier et du chef de peloton, puis il commande................	3. *Peloton en avant.*	
Le remplacement se porte sur l'alignement des serre-files ; le chef de peloton avance au 3.e rang, devenu 1.er, et le sous-officier de direction se porte à six pas en avant des serre-files, où il est assuré sur la direction, ainsi qu'il est dit page 12.	4. MARCHE.	

La marche s'exécute comme par le 1.er rang. Pour remettre le peloton face en tête, les commandements sont les mêmes que ci-dessus, 1 et 2 ; le chef de peloton, le remplacement et le sous-officier de direction reprennent leurs places de bataille.

EXPLICATIONS.	COMMANDEMENTS	
	de l'instructeur.	des chefs de peloton et de section.

4.ᵉ LEÇON.

1.° Marcher par le flanc.

Le peloton étant en bataille ; l'instructeur commande.	1. *Peloton par le flanc droit.* 2. A DROITE.
Le peloton fait *à droite*, le chef de peloton se place en dehors à la gauche du remplacement, qui se porte en avant du 1.ᵉʳ homme du 1.ᵉʳ rang.	3. *Peloton en avant.* 4. MARCHE.

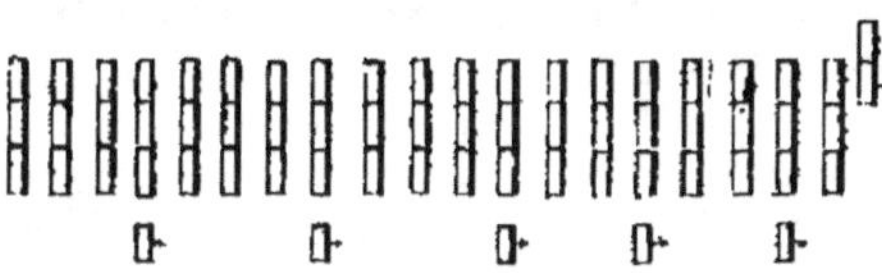

Si le peloton faisait *à gauche*, le serre-file le plus près de la gauche se porterait en avant du dernier homme du 1.ᵉʳ rang ; le chef de peloton se porterait à la droite de ce sous-officier, et le remplacement derrière le 1.ᵉʳ homme du 1.ᵉʳ rang.

P   2

EXPLICATIONS.	COMMANDEMENTS	
	de l'instructeur.	des chefs de peloton et de section.

2.º Changer de direction par file.

Le peloton étant en marche par le flanc droit, par exemple, l'instructeur commande........	1. *Par file à droite (ou à gauche).* 2. MARCHE.	

Si l'on tourne sur le 1.er rang, les hommes de ce rang décrivent un petit arc de cercle, en raccourcissant les trois ou quatre premiers pas, pour donner à ceux des 2.e et 3.e rangs le temps de se conformer à leur mouvement.

Si l'on tourne sur le 3.e rang, les hommes de ce rang se conforment à ce qui vient d'être dit pour ceux du 1.er

Quel que soit le changement de direction, les hommes des 2.e et 3.e rangs sentent toujours le coude du côté du 1.er rang.

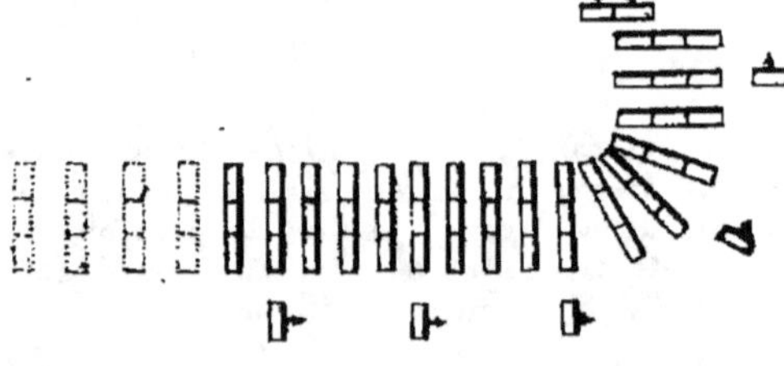

EXPLICATIONS.	COMMANDEMENTS	
	de l'instructeur.	des chefs de peloton et de section.

3.° Arrêter le peloton et le remettre face en tête.

Le peloton étant en marche, l'instructeur commande	1. *Peloton.* 2. HALTE. 3. FRONT.	
Si le peloton marche par le flanc droit, il fait front par un *à-gauche*; s'il marche par le flanc gauche, il fait front par un *à-droite*.		
Dans l'un comme dans l'autre cas, le chef de peloton, le remplacement et le serre-file le plus près de la gauche, reprennent leurs places de bataille au commandement de FRONT.		

EXPLICATIONS.	COMMANDEMENTS	
	de l'instructeur.	des chefs de peloton et de section.

4.° Le peloton étant en marche par le flanc, le former sur la droite ou sur la gauche par file en bataille.

Si le peloton marche par le flanc droit, l'instructeur commande....	1. *Sur la droite par file en bataille.* 2. Marche.
Les 2.ᵉ et 3.ᵉ rangs marquent le pas.	
Le chef de peloton et le remplacement tournent à droite, marchent ensuite devant eux, et sont arrêtés par l'instructeur à six pas au moins du 3.ᵉ rang du peloton.	

Le chef de peloton se place correctement sur l'alignement, en arrière de l'instructeur, et le remplacement se place derrière lui au 3.ᵉ rang.

Le 1.ᵉʳ homme du 1.ᵉʳ rang, après avoir fait un pas de plus que le remplacement, tourne également à droite, et vient se placer à la gauche du chef de peloton, sa poitrine appuyant contre le bras gauche de l'instructeur.

Le 2.ᵉ homme fait un pas de plus que le 1.ᵉʳ, vient se placer à sa gauche, et ainsi de suite.

EXPLICATIONS.	COMMANDEMENTS	
	de l'instructeur.	des chefs de peloton et de section.

Les 2.ᵉ et 3.ᵉ rangs exécutent la même chose, en observant de ne commencer leur mouvement que lorsqu'il y a deux hommes du rang qui précède le leur déjà placés sur la ligne, et de se placer correctement à leur chef de file.

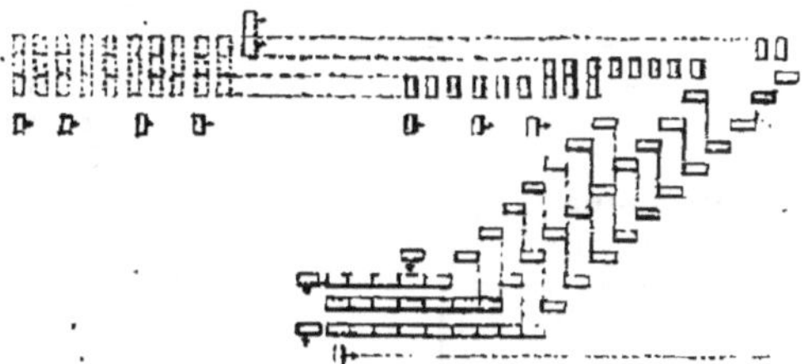

Si le peloton marchait par le flanc gauche, la formation aurait lieu, d'après les mêmes principes, sur la gauche par file en bataille.

Le chef de peloton et le guide de gauche, placés à la gauche du peloton, y resteraient après la formation, jusqu'à ce que l'instructeur leur donne l'ordre de reprendre leurs places de bataille.

EXPLICATIONS.	COMMANDEMENTS	
	de l'instructeur.	des chefs de peloton et de section.

5.° Le peloton étant en marche par le flanc, le former par peloton ou par section en ligne, et exécuter les *à-droite* et les *à-gauche* en marchant.

EXPLICATIONS.	de l'instructeur.	des chefs de peloton et de section.
Le peloton étant en marche par le flanc droit, l'instructeur donne l'ordre au chef de peloton de le faire former en ligne, celui-ci retourne face au peloton et commande.		1. *Par peloton en ligne.* 2. MARCHE.
Le remplacement continue à marcher droit devant lui ; les soldats avancent l'épaule droite, et prennent le pas accéléré. Dès que le peloton est formé, le chef de peloton ajoute.	. . . .	3. *Guide à gauche.*
et se porte à deux pas devant le centre du peloton. Le guide de gauche se porte à la gauche du dernier homme du 1.er rang. (*Voir la figure d'autre part, p. 21.*)		

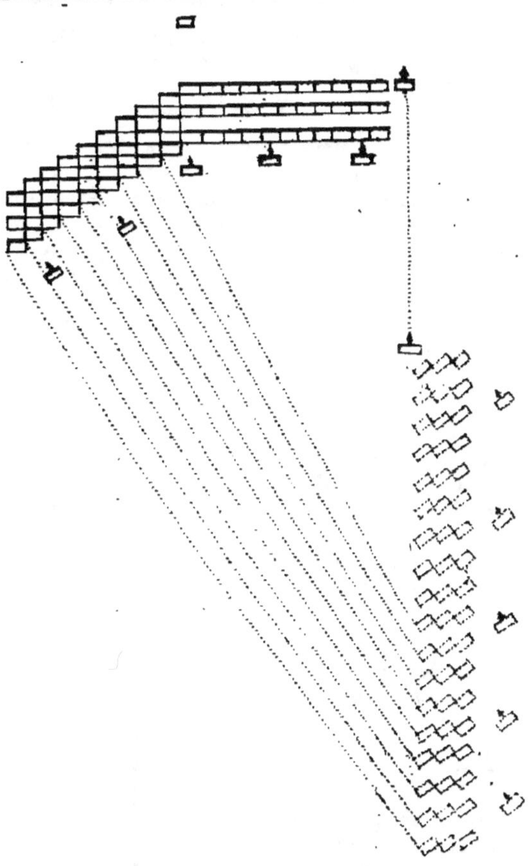

Si le peloton marchait par le flanc gauche, le mouvement s'exécuterait par les mêmes commandements et d'après les mêmes principes.

EXPLICATIONS.	COMMANDEMENTS	
	de l'instructeur.	des chefs de peloton et de section.
Si, au lieu de former le peloton, l'instructeur veut faire former les sections, il en donne l'ordre au chef de peloton, lequel se retourne face à son peloton et commande..................	....	1. *Par section en ligne.* 2. MARCHE.
Chaque section exécute ce qui vient d'être dit pour le peloton.		
Le chef de peloton se porte devant le centre de la 1.re section, et le chef de la 2.e devant le centre de cette section, en passant par l'ouverture qui se forme au centre du peloton.		
Dès que les sections sont formées, chaque chef de section commande...	....	*Guide à gauche.*
Le remplacement se porte à la gauche de la 1.re section, en passant devant le front; le guide de gauche se porte à la gauche de la 2.e section.		
Les serre-files suivent la section à laquelle ils appartiennent.		

EXPLICATIONS.	COMMANDEMENTS	
	de l'instructeur.	des chefs de peloton et de section.
Tous ces mouvements peuvent s'exécuter aux commandements de l'instructeur. Lorsque l'instructeur veut faire exécuter au peloton les *à-droite* et les *à-gauche* en marchant, il commande	1. *Par le flanc droit (ou gauche).* 2. MARCHE.	

Le chef de peloton, les guides et les serre-files se conforment à ce qui est prescrit pour la marche de flanc ou pour la marche de front d'un peloton supposé faire partie d'une colonne, quant aux différentes places qu'ils doivent occuper, selon le cas de marche de front ou de flanc.

Si, après avoir fait *à gauche* ou *à droite* en marchant, le peloton se trouve par le 3.e rang, le chef de peloton se place à deux pas derrière le centre du 1.er rang; les guides passent au 3.e rang, devenu 1.er, les serre-files marchant devant ce rang.

EXPLICATIONS.	COMMANDEMENTS de l'instructeur.	des chefs de peloton et de section.

5.ᵉ LEÇON.

1.° Rompre en colonne par section.

Le peloton étant en bataille, l'instructeur commande.	1. *Par section à droite.*	
Les chefs de section se portent à deux pas en avant du centre de leurs sections (celui de la 2.ᵉ passant par la gauche du peloton), et les préviennent de ce qu'elles ont à faire; le remplacement avance au 1.ᵉʳ rang. . . .	2. MARCHE.	
Chaque chef de section se porte vivement par la ligne la plus courte, en dehors du point où doit arriver l'aile marchante, l'homme de droite fait son *à-droite*, et lorsque l'aile marchante est près d'arriver à trois pas de la perpendiculaire, chaque chef de section commande.		1. *Section* 2. HALTE.
Le guide de chaque section se porte à la gauche :		

EXPLICATIONS.	COMMANDEMENTS	
	de l'instructeur,	des chefs de peloton et de section.
(celui de la 1.re passant devant le front), et se place de manière à encadrer la section entre lui et l'homme qui a fait son *à-droite*; le chef de section se retire à deux pas en dehors du flanc, et commande.	. . . .	3. *A gauche=* ALIGNEMENT. 4. FIXE.
et se porte ensuite à deux pas devant le centre de sa section.		

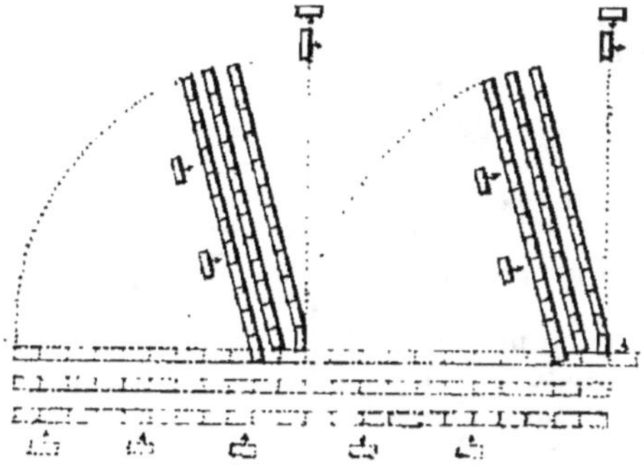

On rompt par section à gauche, d'après les mêmes principes et par les commandements inverses

EXPLICATIONS.	COMMANDEMENTS	
	de l'instructeur.	des chefs de peloton et de section.

2.° Marcher en colonne.

EXPLICATIONS.	de l'instructeur.	des chefs de peloton et de section.
La colonne ayant la droite en tête, l'instructeur se porte à vingt-cinq ou trente pas en avant, face aux guides et correctement sur leur direction (page 13), après quoi l'instructeur commande.	1. *Colonne en avant.* 2. *Guide à gauche.* 3 MARCHE...	MARCHE.
Ce commandement est vivement répété par les chefs de section. Dans chaque section, les soldats se conforment aux principes de la marche de front; le guide de la 2.ᵉ marche dans les traces du 1.ᵉʳ, conserve la cadence du pas et sa distance. Si la colonne avait la gauche en tête, elle prendrait le guide à droite : c'est la seule différence qu'il y ait dans les commandements et dans l'exécution.	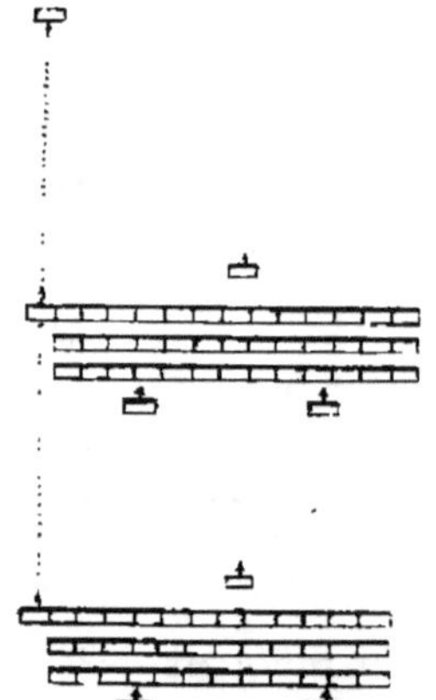	

EXPLICATIONS	COMMANDEMENTS	
	de l'instructeur.	des chefs de peloton et de section.

3.° Changer de direction.

EXPLICATIONS	de l'instructeur.	des chefs de peloton et de section.
La colonne ayant la droite en tête, l'instructeur se porte de sa personne ou envoie un jalonneur au point où il veut faire changer de direction, et toujours du côté des guides ; il se place de manière que chaque guide rase sa poitrine avec son bras gauche.		
A quatre pas de l'instructeur ou du jalonneur le chef de chaque section commande............	....	1. *Tournez à gauche* (ou bien) *à droite conversion*
et à l'instant où son guide rase la poitrine du jalonneur..................	....	2. MARCHE.
Chaque section tourne à gauche ou converse à droite, selon que le changement de direction s'exécute sur le côté du		

EXPLICATIONS.	COMMANDEMENTS	
	de l'instructeur.	des chefs de peleton et de section.
guide on sur le côté. opposé. Dans le dernier cas, lorsque la section est près d'arriver sur une direction perpendiculaire à la ligne qu'elle occupait avant, son chef commande....................	....	1. *En avant* 2. MARCHE.
Dans les deux cas, le guide de la tête, après avoir changé de direction, prend des points à terre entre lui et l'objet éloigné qu'il choisit pour assurer sa direction.		
Si la colonne avait la gauche en tête, on tournerait à droite, ou bien, on ferait à gauche conversion : c'est la seule différence qu'il y ait dans les commandements et dans l'exécution.		

EXPLICATIONS.	COMMANDEMENTS	
	de l'instructeur.	des chefs de peloton et de section.

4.° Arrêter la colonne.

L'instructeur comman-
de . . . .
1. *Colonne.*
2. HALTE . . . . | HALTE.

Les chefs de section répètent vivement le commandement de HALTE. Les sections s'arrêtent, et aucun
guide ne bouge plus, quand même il aurait perdu sa
distance.

5.° Étant en colonne par section, se former à gauche ou à droite en bataille.

L'instructeur rectifie la position des guides et fait
aligner les sections, s'il y a lieu, ensuite il se porte à
distance de section en avant, face aux deux guides de
la colonne et sur leur direction ; ensuite il commande,
si la droite est en tête . . .
1. *A gauche en bataille.*
2. MARCHE . . . | MARCHE.

Chaque chef de sec-
tion répète vivement le
commandement de MAR-
CHE, et se retourne face à
sa section, pour surveiller
le mouvement.
    L'homme de gauche
fait son *a-gauche,* et lorsque l'aile marchante est
arrivée à trois pas de la

EXPLICATIONS	COMMANDEMENTS	
	de l'instructeur.	des chefs de peloton et de section.
ligne de bataille, chaque chef de section commande..............	·...·------------·	1. *Section*.
Le chef de la 1re section se place correctement sur la ligne, en arrière de l'instructeur, et ajoute..	··-----------···	2. Halte.
Celui de la $2.^e$ se porte en serre-file après l'avoir arrêtée, les deux sections s'alignent au même commandement.		3. *A droite* = ALIGNEMENT. 4. Fixe.
L'instructeur voyant la formation achevée, commande...........	*Guides* = A vos places.	

Le remplacement se porte derrière le chef de peloton, et le guide de gauche en serre-file.

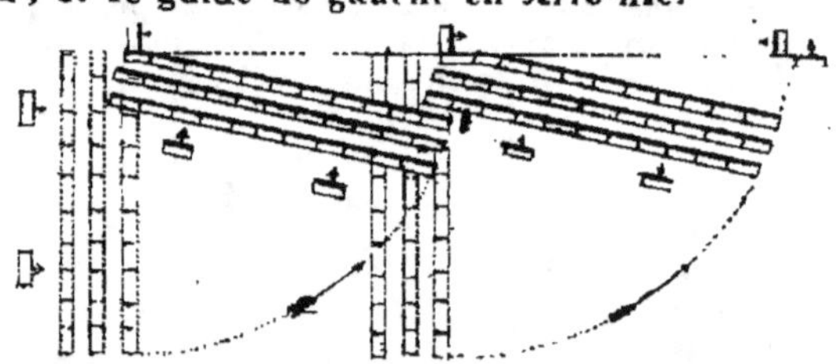

Si la colonne se formait à droite en bataille, le peloton serait de même aligné par le chef de peloton, qui se porterait à la gauche; le chef de la $2.^e$ section rentrerait de même en serre-file après l'avoir arrêtée. Au commandement de *Guides* a vos places, le chef de peloton reprendrait sa place à la droite

EXPLICATIONS.	COMMANDEMENTS	
	de l'instructeur.	des chefs de peloton et de section.

6.ᵉ LEÇON.

1.º Rompre et former le peloton.

Le peloton étant supposé faire partie d'une colonne ayant la droite en tête, l'instructeur donne au chef de peloton l'ordre de le faire rompre. Celui-ci se retourne face au peloton, et commande.		1. *Rompez le peloton.*
Après quoi il se porte vis-à-vis le centre de la 1.ʳᵉ section, et la prévient qu'elle marche devant elle.		
Le chef de la 2.ᵉ se porte, par la gauche du peloton, vis-à-vis le centre de la section, et commande.	. . . .	1. *Marquez le pas.*
Ces dispositions faites le chef de peloton ajoute	. . . .	2. MARCHE
Le sous-officier de remplacement se porte, en passant devant le front, à la gauche de la 1.ʳᵉ section.		
La 2.ᵉ section marque le pas, et dès qu'elle peut passer, son chef commande.	. . . .	2. *Oblique à droite.*
Le guide de la 2.ᵉ section étant près d'arriver sur la direction du premier, le chef de la 2.ᵉ section commande	. . . .	3. MARCHE.
		4. *En avant.*
		5. MARCHE.

EXPLICATIONS.	COMMANDEMENTS	
	de l'instructeur.	des chefs de peloton et de section.

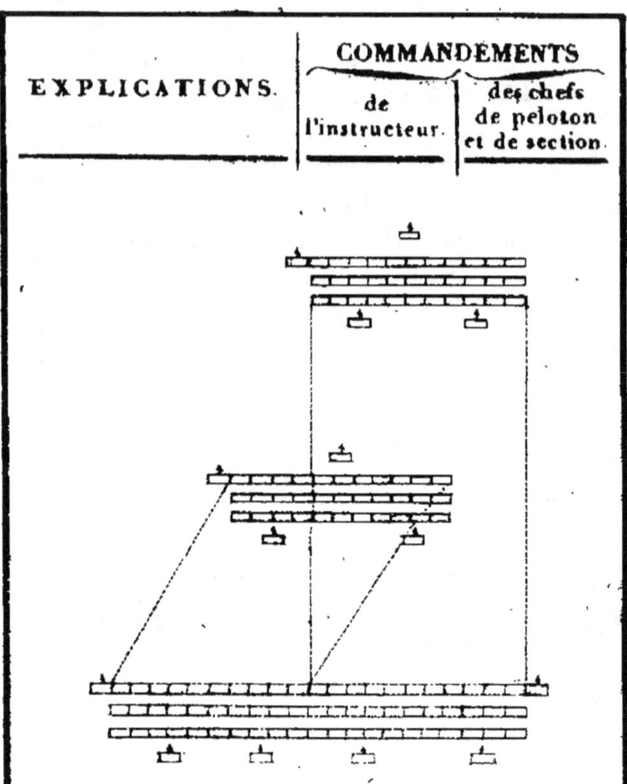

Dans une colonne, la gauche en tête, on rompt par les moyens inverses, et en appliquant à la 2.ᵉ section tout ce qui a été dit pour la première, et réciproquement. Dans ce cas, le guide de gauche du peloton passe au flanc droit de la 2.ᵉ section, et le remplacement qui se trouve naturellement au flanc droit de la première, y reste.

EXPLICATIONS.	COMMANDEMENS	
	de l'instructeur.	des chefs de peloton et de section.
Pour faire former le peloton, l'instructeur en donne l'ordre au chef de peloton, qui commande.	. . . .	1. *Formez le peloton.* 2. *1.ʳᵉ Section* 3. *Oblique à droite.*
Le chef de la 2.ᵉ section la prévient qu'elle doit marcher devant elle, et répète le commandement de MARCHE.	. . . .	4. MARCHE
Dès que la 1.ʳᵉ section commence à obliquer, le guide se porte à la droite, et dès qu'elle est près de démasquer la seconde, son chef commande	. . . .	5. *Marquez le pas.* 6. MARCHE.
Aussitôt que la 2.ᵉ section arrive à hauteur de la première, son chef rentre en serre-file, et le chef de peloton commande. .	. . . .	7. *En avant.* 8. MARCHE.

EXPLICATIONS.	COMMANDEMENTS	
	de l'instructeur.	des chefs de peloton et de section.

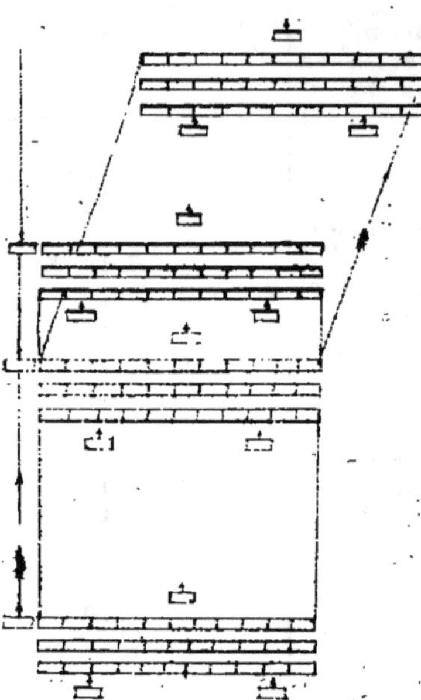

Dans une colonne, la gauche en tête, on forme le peloton par les moyens inverses, en appliquant à la 2.e section tout ce qui a été dit pour la première, et réciproquement.

Les mouvements de rompre et de former le peloton peuvent s'exécuter aux commandements de l'instructeur; ils sont les mêmes que pour le chef de peloton

EXPLICATIONS.	COMMANDEMENTS	
	de l'instructeur.	des chefs de peloton et de section.

2.º Étant en colonne, mettre des files en arrière, et les faire rentrer en ligne.

On ne doit mettre des files en arrière que du côté du guide.

Le peloton faisant partie d'une colonne ayant la droite en tête, l'instructeur donne au chef de peloton l'ordre de faire mettre une ou plusieurs files en arrière; celui-ci commande..... .... 1. *File de gauche en arrière.*
2. Marche.

Cette file marque le pas; l'homme du 3.ᵉ rang appuie ensuite à droite, et se place derrière la 3.ᵉ file de gauche, celui du 2.ᵉ rang, derrière la 2.ᵉ file, et celui du 1.ᵉʳ, derrière la première.

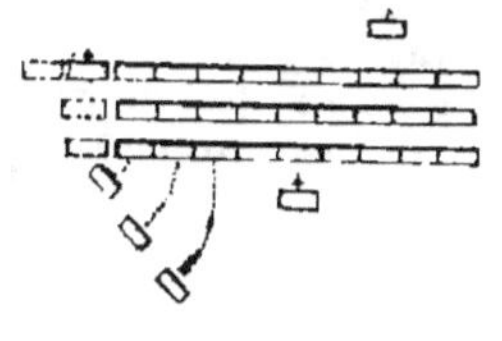

Si l'on met encore une file en arrière, celle déjà rompue raccourcit le pas, pour laisser entre elle et le peloton l'intervalle nécessaire à celle qui rompt, ensuite elle oblique à droite, de l'épaisseur d'une file.

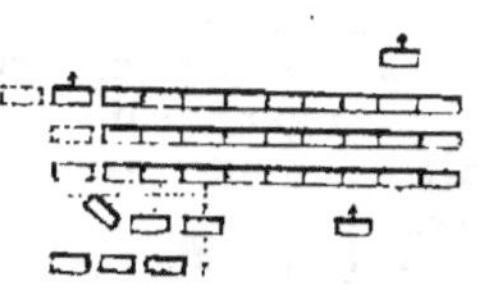

Dans tous ces mouvements le guide appuie toujours contre la dernière file de celles qui sont de front,

EXPLICATIONS.	COMMANDEMENTS de l'instructeur.	COMMANDEMENTS des chefs de peloton et de section.
Si l'instructeur veut faire rompre plusieurs files ensemble, il en donne l'ordre au chef de peloton, qui se retourne et commande..	....	1. *Trois files de gauche en arrière.* 2. MARCHE.
Les trois files marquent le pas, et exécutent ensuite un mouvement d'*à droite* et de *par file à gauche*, pour se placer par le flanc derrière les trois dernières files de front.	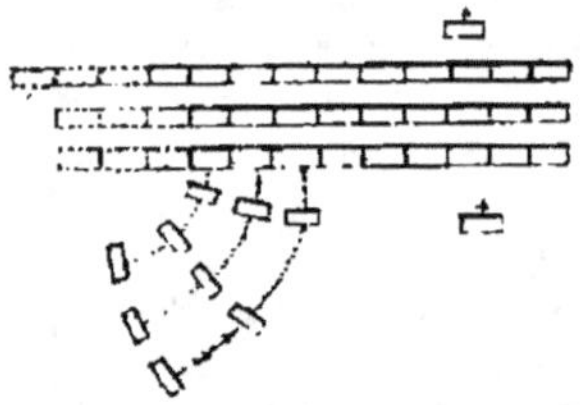	
Pour faire rentrer une ou plusieurs files en ligne, l'instructeur en donne l'ordre au chef de peloton, qui commande...	....	1. *Une file de gauche en ligne.* 2. MARCHE.

La dernière file rompue se porte en ligne, en avançant l'épaule droite; celles qui restent en arrière, appuient à gauche de l'épaisseur d'une file; le guide appuie également à gauche, pour laisser passer la file qui rentre.

Lorsque plusieurs files doivent rentrer en ligne ensemble, elles exécutent absolument ce qui est prescrit à la page 23 pour les soldats d'un peloton marchant par le flanc et se formant en ligne.

Les mouvements de file par la droite auraient lieu d'après les mêmes principes.

EXPLICATIONS.	COMMANDEMENTS	
	de l'instructeur.	des chefs de peloton et de section.
3.° Marcher en colonne de route et exécuter les divers mouvements qui en dépendent.		
La vitesse du pas de route est de cent par minute. Le peloton étant de pied ferme et supposé faire partie d'une colonne ayant la droite en tête, l'instructeur commande.............	1. *Colonne en avant.* 2. *Guide à gauche.* 3. *Pas de route.*	
Le chef de peloton répète ce commandement.	4. MARCHE.	MARCHE
Le peloton se met en marche; les hommes des 2.e et 3.e rangs prennent vingt-six pouces de distance de leur poitrine au havre-sac de l'homme qui les précède, et tous mettent l'arme à volonté, sans autre commandement.		
Les changements de direction s'exécutent sans commandement et au seul avertissement du chef de peloton; dans ceux sur le côté opposé au guide, le pivot fait le pas d'un pied, pour dégager le point de conversion.		
Lorsque l'instructeur veut faire marcher au pas cadencé, il commande.	1. *L'arme sur l'épaule* = DROITE. 2. *Pas accéléré* 3. MARCHE.	
Les soldats prennent le pas cadencé, et serrent à quinze pouces de distance.		

EXPLICATIONS.	COMMANDEMENTS	
	de l'instructeur.	des chefs de peloton et de section.
Pour faire prendre le pas de route............ Les soldats se conforment à ce qui vient d'être dit au 3.ᵉ alinéa, page 39. Si l'instructeur se trouvait dans la nécessité de faire marcher le peloton par le flanc, il commanderait.........	1. *Pas de route.* 2. MARCHE	
	1. *L'arme* = AU BRAS.	
Le chef de peloton, le remplacement et le guide de gauche prennent les places qui leur sont indiquées à la marche de flanc.	2. *Pas accéléré* 3. MARCHE. 4. *Peloton par le flanc droit.* 5. *Par file à droite (ou à gauche).* 6. MARCHE.	

S'il y avait des files en arrière, elles suivraient le mouvement du peloton, et s'ajusteraient à leur rang.

L'instructeur, après avoir fait reformer le peloton en ligne, peut le faire rompre et former : ces mouvements s'exécutent ainsi qu'il est dit page 33, avec cette différence que, dans la section qui doit obliquer, les hommes font un *demi-à-droite* ou *à-gauche*, et que chaque chef de section se porte sur le flanc, à la place de son guide, qui recule au 3.ᵉ rang.

Si les sections sont de dix files au moins, l'instructeur peut les faire rompre et former; dans le 1.ᵉʳ cas,

EXPLICATIONS.	COMMANDEMENTS de l'instructeur.	des chefs de peloton et de section.
il en donne l'ordre au chef de peloton, qui commande............	....	1. *Portez* = VOS ARMES. 2. *Pas accéléré* 3. MARCHE. 4. *Rompez les sections.* 5. MARCHE.
Ce mouvement s'exécute comme pour rompre le peloton, page 33.		

Les demi-sections de droite sont commandées par les chefs de section ; celles de gauche le sont par le sous-lieutenant et par le sergent-major, et, à leur défaut, par les guides du peloton.

Les sections étant rompues, les chefs des demi-sections se portent à la place de leur guide, qui recule au 2.e rang ; le fourrier se place derrière le chef de peloton, le 4.e sergent derrière le remplacement, et le 3.e sergent derrière le chef de la 2.e section, et tous au 3.e rang.

L'instructeur fait ensuite prendre le pas de route.

Pour faire reformer les sections, l'instructeur donne l'ordre au chef de peloton, lequel fait d'abord porter les armes et prendre le pas cadancé, ainsi qu'il a été dit pour les rompre ; ensuite il commande.

		1. *Formez les sections.* 2. MARCHE.
Ce mouvement s'exécute comme pour former le peloton, page 35.		

Lorsque le peloton est rompu par section, et au pas de route, on ne peut réduire le front qu'à sept files ; s'il y avait nécessité de le réduire davantage, l'instructeur ferait prendre le pas accéléré, et alors on pourrait le réduire à cinq de front, non compris le chef.

EXPLICATIONS.	COMMANDEMENTS	
	de l'instructeur.	des chefs de peloton et de section.

S'il fallait réduire encore le front, on prendrait l'arme = AU BRAS, et l'on marcherait par le flanc.

Lorsqu'une colonne marche au pas de route, et qu'elle s'arrête, les trois rangs portent les armes, et les deux derniers serrent sur le premier.

4.º Contre-marche.

EXPLICATIONS.	de l'instructeur.	des chefs de peloton et de section.
Le peloton étant de pied ferme et supposé faire partie d'une colonne ayant la droite en tête, l'instructeur commande	1. *Contre-marche.*	
Les deux guides font demi-tour à droite, et le chef de peloton, après s'être porté à la droite, fait déboiter les trois premières files en arrière, et se place à la gauche du 1.er homme du 1.er rang pour le conduire	2. *Peloton par le flanc droit.* 3. À DROITE. 4. *Par file à gauche.*	
Le peloton converse par file à gauche autour du guide de droite, et marche parallèlement aux guides, de manière que le 1.er rang se trouve à deux pas an arrière.	5. MARCHE.	
La droite étant arrivée à hauteur du guide de		

EXPLICATIONS.	COMMANDEMENTS	
	de l'instructeur.	des chefs de peloton et de section.
gauche, le chef de pelo-ton commande.........	....	1. *Peloton.* 2. HALTE. 3. FRONT.
Le chef de peloton se retire à deux pas en ar-rière du flanc, et ajoute.	....	4. *A droite* = ALIGNEMENT. 5. FIXE.

et se porte aussitôt après à deux pas devant le centre.
Les deux guides changent de place, en se croisant vivement devant le front.

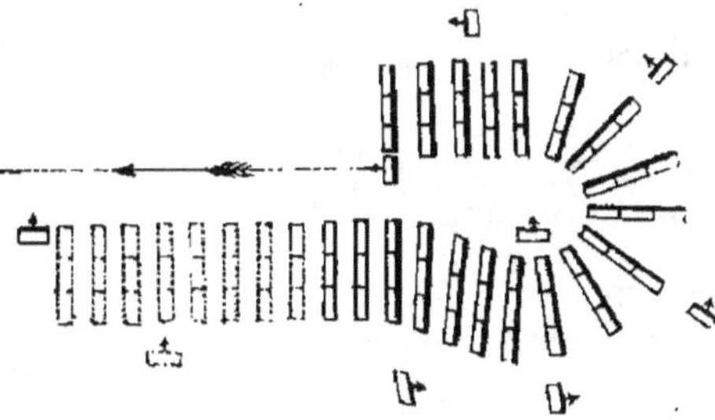

Dans une colonne par section, le mouvement s'exé-cute par les mêmes commandements et d'après les mêmes principes; le guide de chacune d'elle fait demi-tour à droite.

Si la colonne avait la gauche en tête, la contre-marche s'exécuterait par les commandements et moyens inverses.

EXPLICATIONS.	COMMANDEMENTS	
	de l'instructeur.	des chefs de peloton et de section.

5.° Étant en colonne par section, se former sur la droite ou sur la gauche en bataille.

EXPLICATIONS.	de l'instructeur.	des chefs de peloton et de section.
La colonne étant en marche, et supposée la droite en tête, l'instructeur commande..............	1. *Sur la droite en bataille.*	
Le guide de chaque section se porte légèrement au flanc droit.	2. *Guide à droite.*	
L'instructeur se porte ensuite en avant, à dix pas au moins sur la droite des guides, pour marquer l'emplacement de la droite du peloton : il fait face en arrière.		
Lorsque la 1.re section est près d'arriver à hauteur de l'instructeur, son chef commande........		1. *Tournez à droite.*
et dès que cette section est à hauteur de l'instructeur............		2. MARCHE.
Le guide tourne à droite, et se dirige de manière à faire arriver le 1.er homme du 1.er rang contre l'instructeur.		
Lorsque la section n'est plus qu'à trois pas de l'instructeur, son chef commande............		3. *Section* 4. HALTE.

EXPLICATIONS.	COMMANDEMENTS	
	de l'instructeur.	des chefs de peloton et de section.
Le guide se porte aussi-tôt à la gauche de sa sec-tion, et face à l'instruc-teur, qui l'établit sur la direction.		
Le chef de section la voyant jalonnée, se porte sur la ligne de bataille, en arrière de l'instruc-teur, et commande.....		5. *A droite* = ALIGNEMENT.
La 2.ᶜ section continue à marcher droit devant elle, jusqu'à ce que sa droite arrive à hauteur de la gauche de la 1.ʳᵉ, alors elle est portée sur la ligne de bataille par les mê-mes commandements que la 1.ʳᵉ		6. FIXE.
Au commandement de HALTE, le guide se porte à la gauche, pour jalon-ner, face à droite.		
Le chef de la 2.ᶜ section commande alors....... et se retire en serre-file, en passant devant le front et par la gauche.		*A droite* = ALIGNEMENT.
Le chef de peloton, voyant cette section ali-gnée, commande.......		FIXE.
La formation achevée, l'instructeur commande.	*Guides* = À VOS PLACES.	

EXPLICATIONS.	COMMANDEMENTS de l'instructeur.	des chefs de peloton et de section.

Le remplacement passe derrière le chef de peloton, au 3.ᵉ rang, et le guide de gauche en serre-file.

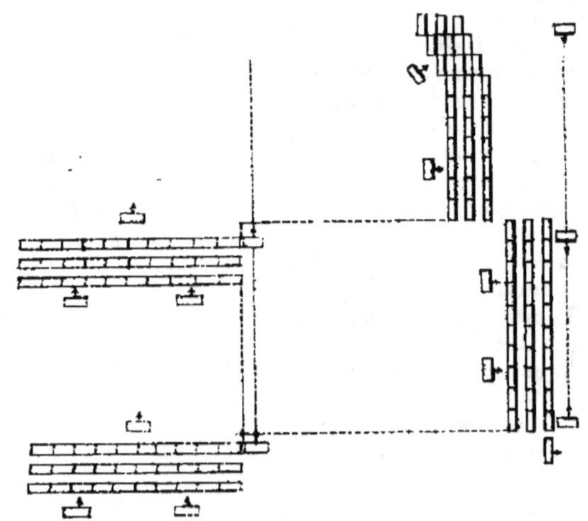

Si la colonne avait la gauche en tête, elle se formerait sur la gauche en bataille, d'après les mêmes principes et par les commandements inverses. Le chef de la 2.ᵉ section, après l'avoir alignée, reste à la gauche jusqu'à l'arrivée du chef de peloton ; alors seulement il se retire en serre-file.

Au commandement de *Guides à vos places*, le chef de peloton se porte à la droite, le remplacement derrière lui, et le guide de gauche en serre-file.

TABLE.

| | | Pages de l'aide-mém. | N.^{os} de l'ordonn. |

AIDE-MÉMOIRE

POUR

L'INFANTERIE.

—

ÉCOLE DE BATAILLON.

Dépôt général
à Paris,
Chez C. Reinwald, Libraire,
Rue des Saints-Pères, 15.

STRASBOURG,
Typo-Lithographie de Vᵉ Berger-Levrault & Fils.

AIDE-MÉMOIRE

DES

CHEFS DE BATAILLON ET OFFICIERS

D'INFANTERIE,

ou

TABLEAUX SYNOPTIQUES,

en miniature,

DE L'ÉCOLE DE BATAILLON,

d'après l'ordonnance du 4 mars 1831.

PAR LELOUTEREL,

Général de brigade.

5ᵉ édition.

STRASBOURG,

Chez Vᵉ Berger-Levrault & Fils, Éditeurs,

de l'Annuaire militaire.

1853.

AVERTISSEMENT.

L'École de bataillon, réduite à sa plus
simple expression, c'est-à-dire dégagée d'une
foule de détails qui l'allongent considérable-
ment, est ce que nous offrons, aux officiers
d'infanterie, dans ce petit volume; ils y trou-
veront, dans le moins de mots possible, les
principes essentiels de chaque mouvement,
ainsi que les commandements à faire.

Outre l'avantage d'avoir sous les yeux le
texte et la figure, MM. les officiers y trou-

veront encore celui de pouvoir cacher le volume dans la main, pour le consulter au besoin sur le terrain.

La division en leçons, telles qu'elles sont généralement exécutées dans les corps sur le terrain, est celle qui a été adoptée.

EXPLICATIONS.	COMMANDEMENTS	
	du chef de bataillon.	des chefs de peloton et de division.

1.re LEÇON.

1.º Ouvrir les rangs.

L'adjudant-major se porte à la droite des serre-files, et l'adjudant à la droite du bataillon, à 4 pas des serre-files........		*1. Garde à vous pour ouvrir vos rangs.*
Les chefs de peloton reculent sur l'alignement des serre-files, ainsi que le sous-officier qui ferme la gauche du 1.er rang.		*2. En arrière ouvrez vos rangs.*
Les remplacements se portent à 4 pas en arrière des serre-files, ainsi que le caporal qui ferme la gauche du 3.e rang, lequel élève son arme, la crosse en l'air........		3. Marche.

Les deux derniers rangs se portent en arrière; les serre-files se placent à 2 pas du 3.e rang et sont alignés par l'adjudant-major, entre le 1.er et le dernier, lequel élève son arme, la crosse en l'air.

EXPLICATIONS.	COMMANDEMENTS	
	du chef de bataillon.	des chefs de peloton et de division.
Le chef de bataillon voyant les rangs alignés commande............	4. Fixe.	
Les chefs de peloton et le sous-officier de la gauche du 1.er rang reprennent leurs places dans ce rang.		
L'adjudant-major et l'adjud. prennent leurs places de bataille.		

2.° Serrer les rangs.

1. *Serrez vos rangs.*
2. Marche.

Les 2.e et 3.e rangs, ainsi que les serre-files, serrent et reprennent la place qu'ils occupaient avant d'ouvrir les rangs.

Si le bataillon n'était formé que sur deux rangs, les chefs de peloton, ainsi que le sous-officier fermant la gauche du 1.er rang ne bougeraient pas, l'alignement du 2.e rang serait tracé par les remplacements et par le caporal placé à la gauche de ce rang; ces sous-officiers se porteraient à 4 pas en arrière du 1.er rang et seraient alignés par l'adjudant.

L'adjudant-major alignerait les serre-files.

EXPLICATIONS.	COMMANDEMENTS	
	du chef de bataillon.	des chefs de peloton et de division.

3.° Maniement des armes et charge à volonté.

Présenter les armes............ Porter les armes.
Reposer sur les armes......... Porter les armes.
L'arme au bras............... Porter les armes.
Croiser la baïonnette......... Porter les armes.

Les officiers et sous-officiers placés dans le rang restent face en tête pendant le maniement des armes.

1. *Charge à volonté.*
2. *Chargez =* vos armes.

Les officiers et les sous-officiers placés dans le rang, font un *demi-à-droite* au premier temps de la charge et reviennent face en tête au moment où le soldat placé à côté d'eux passe l'arme à gauche.

EXPLICATIONS.	COMMANDEMENTS du chef de bataillon.	des chefs de peloton et de division.

4.° Les divers feux.

Par le 1.er rang.

EXPLICATIONS.	du chef de bataillon.	des chefs de peloton et de division.
	1. *Feu de peloton.*	
Les chefs de peloton se portent à 4 pas en arrière et vis-à-vis le centre de leur peloton : les remplacements reculent sur l'alignement des serre-files. Le drapeau et sa garde reculent de manière que le 1.er rang soit sur l'alignement du 3.e rang du bataillon..............	2. *Commencez le feu.*	
Les chefs des 1.er, 3.e, 5.e et 7.e pelotons commandent..............		1. tel *Peloton.* 2. ARMES. 3. JOUE. 4. FEU. 5. CHARGEZ.
Le chef du 3.e peloton ne commence son feu qu'après avoir entendu celui du 1.er ; le 5.e qu'après le 3.e, et ainsi de suite, pour le 1.er feu seulement.		

Dès que les chefs des pelotons pairs voient quelques armes portées dans les pelotons qui forment division avec eux, ils font à leur tour les mêmes commandements sans se régler les uns sur les autres.

EXPLICATIONS.	COMMANDEMENTS	
	du chef de bataillon.	des chefs de peloton et de division.

Les chefs des pelotons impairs, voyant quelques armes portées dans les pelotons pairs, recommencent leur feu, et ainsi de suite alternativement.

Pour faire cesser le feu, le chef de bataillon fait battre un roulement, et donner un coup de baguette pour faire rentrer les chefs de peloton à leurs places de bataille, ainsi que le remplacement et le drapeau.

Les chefs de peloton, les remplacements, le drapeau et sa garde, prennent les places indiquées à la p. 10, 1.er alin.		1. *Feu de de-mi-batail-lon.* 2. *Demi-ba-taillou de droite.* 3. Armes. 4. Joue. 5. Feu. 6. Chargez.

Dès que le chef de bataillon voit quelques armes portées dans le demi-bataillon de droite, il fait les mêmes commandements pour le demi-bataillon de gauche, et ainsi de suite alternativement.

Si le chef de bataillon voulait faire exécuter des feux obliques, il ajouterait le commandement d'*oblique à droite* (ou *à gauche*), entre ceux d'Armes et de Joue.

Les feux cessent de la manière indiquée ci-dessus.

EXPLICATIONS.	COMMANDEMENTS	
	du chef de bataillon.	des chefs de peloton et de division.
Les chefs de peloton, les remplacements, le dra- peau et sa garde prennent les places indiquées p. 10.	1. *Feu de ba- taillon.* 2. *Bataillon.* 3. ARMES. 4. JOUE. 5. FEU. 6. CHARGEZ.	

Si le chef de bataillon voulait faire exécuter des feux obliques, il se conformerait, pour les comman- dements, à ce qui est prescrit à la page 11.

Pour faire exécuter un second feu, l'on doit attendre que toutes les armes soient chargées.

Comme tous les autres feux, celui de bataillon cesse par un roulement; les chefs de peloton, les remplacements, le drapeau et sa garde reprennent leurs places au coup de baguette qui suit le roule- ment.

EXPLICATIONS.	COMMANDEMENTS	
	du chef de bataillon.	des chefs de peloton et de division.
Les chefs de peloton, les remplacements, le drapeau et sa garde prennent la place qui leur est indiquée page 10.......	1. *Feu de deux rangs.* 2. *Bataillon.* 3. ARMES. 4. *Commencez le feu.*	
Les trois rangs restent debout, et le 3.e ne fait que le simulacre d'armer.		
Le feu commence par la droite de chaque peloton.		

Le feu de deux rangs est toujours direct.

Pour le faire cesser, le chef de bataillon fait battre un roulement, suivi d'un coup de baguette pour faire rentrer les chefs de peloton, les remplacements, le drapeau et sa garde à leur place de bataille.

EXPLICATIONS.	COMMANDEMENTS	
	du chef de bataillon.	des chefs de peloton et de division.

Feux par le 3.e rang.

Les chefs de peloton sortent de leur créneau, et se placent en avant du 1.er homme du 1.er rang; les remplacements et les serre-files traversent par le créneau de leur chef de peloton et se placent : les remplacements, à 1 pas en arrière du chef de peloton, et tous les autres à 2 pas en arrière du 1.er rang, en passant derrière le remplacement.	1. *Face par le 3.e rang.*	
Le drapeau passe au 3.e rang, les deux sous-officiers d'encadrement changent de place.		
L'adjudant-major passe par la droite, l'adjudant et les tambours passent par la gauche et se placent à leurs places de bataille derrière le 1.er rang.	2. *Bataillon.* 3. *Demi-tour* $=$ A DROITE.	

Les chefs de peloton se portent au 3.e rang devenu 1.er, et les remplacements au 1.er devenu 3.^e

Les feux s'exécutent par le 3.e rang comme p. le 1.er

EXPLICATIONS.	COMMANDEMENTS	
	du chef de bataillon.	des chefs de peloton et de division.

Les pelotons, demi-bataillons et bataillons conservent leur numéro.

Dans le feu de deux rangs, le feu commence par la gauche des pelotons devenue droite.

Les chefs de peloton, les remplacements, le drapeau et sa garde prennent les places indiquées dans les feux par le 1.er rang.

Pour remettre le bataillon face par le 1.er rang, le chef de bataillon commande..

1. *Face par le* 1.er *rang.*

Les chefs de peloton, les remplacements, les serre-files, les sous-officiers d'encadrement, le drapeau, l'adjudant-major, l'adjudant et les tambours exécutent tout ce qui a été expliqué dans les 3 premiers alinéas de la page 14............

2. *Bataillon.*

3. *Demi-tour* A DROITE.

Les chefs de peloton et les remplacements reprennent leurs places de bataille aux 1.er et 3.e rangs.

EXPLICATIONS.	COMMANDEMENTS	
	du chef de bataillon.	des chefs de peloton et de division.

2.e LEÇON.

1.° Rompre par peloton à droite ou à gauche.

EXPLICATIONS.	du chef de bataillon.	des chefs de peloton et de division.
Les chefs de peloton se portent à 2 pas devant le centre de leur peloton, et les préviennent qu'ils doivent converser à droite. Les remplacements se portent au 1.er rang....	1. *Par peloton à droite.*	
Les guides de gauche se portent à la gauche de leur peloton aussitôt que le mouvement commence	2. *Pas accéléré* 3. MARCHE.	
Lorsque l'aile marchante de chaque peloton arrive à 3 pas de la perpendiculaire, le chef de peloton commande............	....	1. tel *Peloton* 2. HALTE.
Le remplacement se place à la droite du 1.er homme du 1.er rang. Le guide de gauche étant établi sur l'alignement, le chef de peloton recule à 2 pas sur le flanc, et commande............ et il se porte à 2 pas devant le centre de son peloton.	....	3. *A gauche* = ALIGNEMENT. 4. FIXE.

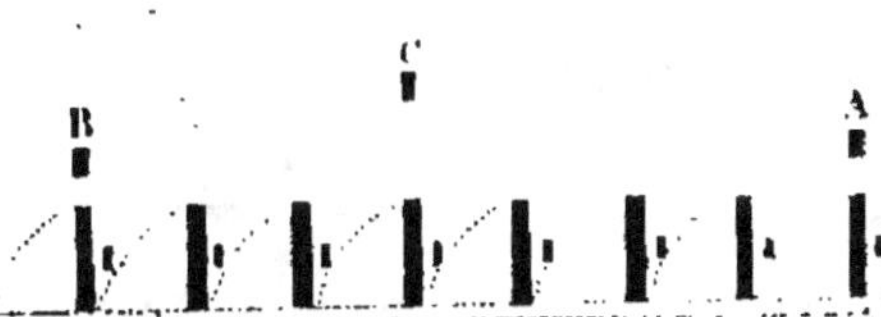

L'adjudant-major *A* se porte à hauteur du 1.ᵉʳ peloton du côté de la direction ; l'adjudant *B*, à hauteur du dernier ; le chef de bataillon *C*, sur le flanc, du côté de la direction.

Ce mouvement, la gauche en tête, s'exécuterait par les commandements et moyens inverses.

Pour rompre par division, il faut substituer la dénomination de *division* à celle de peloton ; dans ce cas, le chef de peloton le moins ancien se porte dans le créneau, au centre de la division, au moment où le chef de cette division se porte à deux pas devant le centre.

Si l'on voulait rompre par la droite pour marcher vers la gauche, il faudrait énoncer ce commandement avant celui de *Par peloton à droite* ; le premier peloton marche deux fois l'étendue de son front en avant, au lieu de converser à droite comme les autres.

L'adjudant-major place ensuite deux jalonneurs, l'un contre le guide de gauche du 1.ᵉʳ peloton, et l'autre contre celui du 2.ᵉ, pour les deux changements de direction qui ont lieu aussitôt la MARCHE. Ces jalonneurs doivent être placés de manière à présenter l'épaule droite aux guides de gauche.

B

2

EXPLICATIONS.	COMMANDEMENS	
	du chef de bataillon.	des chefs de peloton et de division.
2.° Marcher en colonne à distance entière.		
Le chef de bat. indique au 1.er guide un point éloigné sur lequel il puisse se diriger en prenant des points à terre, et commande....	1. *Colonne en avant.* 2. *Guide à gauche (ou à droite).*	
Ce dernier commandement est vivement répété.	3. MARCHE.	MARCHER.
Le 1.er guide est le seul chargé de la direction, les autres doivent marcher dans les traces de celui qui les précède, conserver leur distance et la cadence du pas. Si le chef de bataillon veut faire changer de direction, il place un jalonneur *A* au point où il veut que ce mouvement s'exécute, et commande....	*Tête de colonne à droite (ou à gauche)*	
Lorsque chaque peloton arrive à 4 pas du jalonneur, son chef commande	....	1. *Tournez à droite (ou à gauche),* ou bien, *à droite (ou à gauche) conversion.*
et lorsque le guide rase la poitrine du jalonneur...	....	2. MARCHE.

Les guides, du côté de la direction,
ne doivent pas cesser de marcher le pas
de deux pieds, sans s'inquiéter de leur
peloton.

Les pelotons doivent arriver carrément jusqu'au point A, c'est-à-dire,
ne commencer à tourner ou à converser
qu'au commandement de MARCHE.

L'adjudant doit veiller à ce que les
guides se dirigent bien sur le jalonneur
A, et de manière à raser sa poitrine avec
leur bras droit ou gauche.

Le chef de bataillon peut faire rompre les pelotons ou même les divisions
en marchant, et tous à la fois, à son
commandement, ce qui s'exécute d'après les principes expliqués à l'école de
peloton, n.º 237.

EXPLICATIONS.	COMMANDEMENTS	
	du chef de bataillon.	des chefs de peloton et de division.

3.° Arrêter la colonne et la former à gauche ou à droite en bataille.

EXPLICATIONS.	du chef de bataillon.	des chefs de peloton et de division.
	1. *Colonne.*	Halte.
La colonne s'arrête et aucun guide ne bouge; les soldats portent l'arme.	2. Halte.	
Si la position des guides n'est que légèrement défectueuse, le chef de bataillon la rectifie; dans le cas contraire, il fait placer les 2 premiers guides sur une direction nouvelle, et commande........	3. *Guides à vos chefs de file.*	
et ensuite	4. *A gauche (ou à droite)* = Alignem.	
Les chefs de peloton se portent à 2 pas en dehors de leur guide, alignent leur pelot., commandent et se reportent devant le centre.	....	Fixe.
Si la colonne a la droite en tête, le chef de bataillon commande.........	1. *A gauche en bataille.* 2. *Pas accéléré* 3. Marche.	

EXPLICATIONS.	COMMANDEMENTS du chef de bataillon.	des chefs de peloton et de division.
Le remplacement du 1.er peloton se porte, dès le 1.er commandement, face et sur la direction des autres guides, à distance de peloton. Lorsque l'aile marchante de chaque peloton est arrivée à 3 pas de la ligne de bataille, son chef commande	. . . .	1. tel *Peloton*. 2. HALTE.
Après quoi, il se place de sa personne à côté du dernier homme du 1.er rang du peloton précédent, et ajoute	. . . .	3. *A droite* ═ ALIGNEMENT.
Le chef de bataillon commande ensuite	4. *Guides* ═ A VOS PLACES.	4. FIXE.

Ce mouvement, la gauche en tête, s'exécuterait par les commandements inverses; dans ce cas, les chefs de peloton se porteraient à la droite au commandement de *Guides* ═ A VOS PLACES.

Si la colonne était par division, la droite en tête, les guides porteraient la crosse en l'air au 1.er commandement. Les guides de gauche des pelotons impairs jalonneraient au commandement de HALTE, fait à leur division, et face à droite. Si la gauche était en tête, les remplacements sortiraient de même pour jalonner, face à gauche.

EXPLICATIONS.	COMMANDEMENTS	
	du chef de bataillon.	des chefs de peloton et de division.

4.° La contre-marche.

EXPLICATIONS.	du chef de bataillon.	des chefs de peloton et de division.
A distance entière ou à demi-distance, le chef de bataillon commande....		*1. Contre-marche.* *2. Bataillon* = A DROITE (OU A GAUCHE)
Le bataillon fait à droite si la droite est en tête, et à gauche dans le cas contraire. Les deux guides de chaque peloton font demi-tour à droite........		*3. Par file à gauche (ou à droite.)*
Chaque peloton exécute ce qui est prescrit à l'école de peloton, n.° 298.		*4. Pas accéléré* = MARCHE.
Si la colonne était serrée en masse, le chef de bataillon commanderait.		*1. Contre-marche.* *2. Bataillon* = A DROITE *et* A GAUCHE.
Les pelotons ou les divisions impairs font à droite et les autres à gauche; tous les guides font demi-tour à droite......		*3. Par file à gauche et par file à droite.* *4. Pas accéléré* = MARCHE.

Tous les pelotons ou divisions sont conduits par leur chef à 2 pas en arrière des guides, arrêtés, mis de front et alignés à droite, si la gauche se trouve en tête, après le mouvement, et à gauche dans le cas contraire; dans l'un comme dans l'autre cas, les commandements du chef de bataillon ne changent pas, de même que ce sont toujours les pelotons ou divisions pairs qui font à gauche, et les autres à droite.

Les chefs de peloton ou de division qui se trouvent au côté opposé à celui où l'on doit aligner, s'y portent rapidement après avoir arrêté leur subdivision.

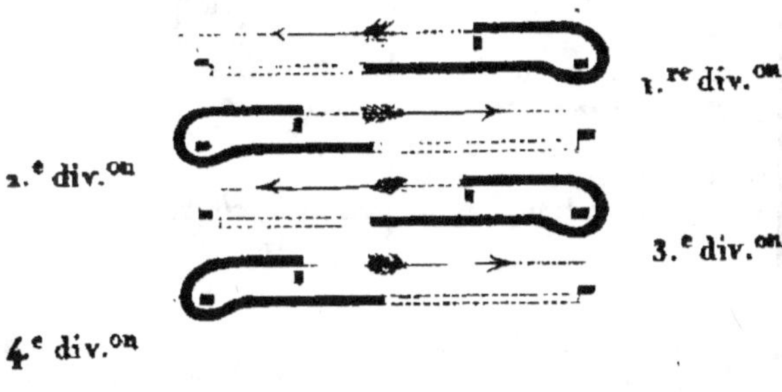

EXPLICATIONS.	COMMANDEMENTS	
	du chef de bataillon.	des chefs de peloton et de division.

5.º Formations à droite ou à gauche en bataille par inversion.

	du chef de bataillon.
La colonne étant en marche et supposée la droite en tête, le chef de bataillon commande...	1. *Par inversion à droite en bataille.*
L'adjudant - major se porte en avant des guides de droite et rectifie promptement leur position, s'il y a lieu.......	2. *Bataillon, guide à droite* 3. *Pas accéléré* = MARCHE.

L'homme de droite de chaque peloton ou division fait son à-droite, les guides s'arrêtent et celui de gauche du 1.ᵉʳ peloton ou division se porte rapidement à distance, face aux autres guides et sur leur direction.

Les pelotons ou divisions sont arrêtés à 3 pas de la ligne de bataille, et alignés à gauche.

Lorsque la formation est achevée, le chef de bataillon fait rentrer les guides ; les chefs des subdivisions se portent en même temps à la droite.

Ce mouvement, la gauche en tête, s'exécuterait d'après les mêmes principes et par les commandements inverses.

EXPLICATIONS.	COMMANDEMENTS du chef de bataillon.	des chefs de peloton et de division.

3.ᵉ LEÇON.

1.º Rompre par peloton en arrière à droite ou à gauche.

EXPLICATIONS.	du chef de bataillon.	des chefs de peloton et de division.
Les chefs de peloton se portent devant le centre de leurs pelotons et les préviennent qu'ils doivent faire *à droite*, les remplacements passent au 1.ᵉʳ rang............	1. *Par peloton en arrière à droite.*	
Le bataillon fait à droite, les chefs de peloton vont appuyer leur poitrine contre le bras gauche du dernier homme du 1.ᵉʳ rang du peloton qui les précède, et font déboîter leurs 3 premières files en arrière.........	2. *Bataillon* = A DROITE.	
Lorsque la dernière file de chaque peloton est près d'arriver à hauteur du chef de peloton, il commande..............	3. *Pas accéléré* = MARCHE.	
		1. tel *Peloton*
Les guides de gauche appuient leur bras gauche contre la poitrine des chefs de peloton, lesquels se retirent 2 pas en arrière et commandent.........		2. HALTE. 3. FRONT.
et se portent à 2 pas devant le centre.		1. *A gauche* = ALIGNEM. 5. FIXE.

EXPLICATIONS.	COMMANDEMENTS	
	du chef de bataillon.	des chefs de peloton et de division.

Ce mouvement, la gauche en tête, s'exécuterait par les mêmes princip. et par les commandements inverses.

Si l'on voulait faire rompre par division, il suffirait de substituer dans le commandement le mot *division* à celui de *peloton*. Dans ce cas, le chef de peloton le moins ancien dans chaque division, marche à côté du remplacement du peloton pair, et se place dans le créneau lorsque la division fait front.

2.° Colonne en route.

La colonne étant de pied ferme, par peloton et la droite en tête, le chef de bataillon commande....	1. *Colonne en avant.* 2. *Guide à gauche.* 3. *Pas de route* = MARCHE.	MARCHE.

Les 2.ᵉ et 3.ᵉ rangs raccourcissant le pas jusqu'à ce qu'il y ait 26 pouces entre eux et le rang qui le précède ; les 3 rangs prennent l'arme à volonté.

Si la colonne rencontre un défilé trop étroit pour le front d'un peloton, le chef de bataillon fait rompre tous les pelotons à la fois, à son commandement, ou bien il en donne l'ordre au chef du 1.ᵉʳ peloton, qui fait rompre le sien, et tous les autres viennent successivement rompre à la même place que le 1.ᵉʳ : ces mouvements ont lieu avant l'entrée dans le défilé.

EXPLICATIONS.	COMMANDEMENTS	
	du chef de bataillon.	des chefs de peloton et de division.

Dès que les pelotons sont rompus, les chefs de section se portent au 1.er rang, à la place de leur guide, qui recule au 3.^{e}

Si le défilé se rétrécit encore, l'on rompt par demi-section, successivement et à la même place, si toutefois les sections sont de 10 files au moins : les 1.res demi-sections sont commandées par le chef de peloton et par celui de la 2.e section; les 2.es par le sous-lieutenant et par le sergent-major, et, à leur défaut, par les guides du peloton; les uns et les autres se placent au 1.er rang du côté de la direction.

Pour faire exécuter ce mouvement, chaque chef de section fait d'abord porter les armes et prendre le pas accéléré; dès que la section a rompu, son chef lui fait reprendre le pas de route et l'arme à volonté.

Lorsque le chef de bataillon veut faire reprendre le pas cadencé à la colonne, il commande..........

1. *L'arme sur l'épaule* $=$ DROITE.
2. *Pas accéléré* $=$ MARCHE.

Les 2.e et 3.e rangs serrent à 15 pouces.

Si les sections étaient de moins de 10 files, l'on mettrait des files en arrière jusqu'à réduction de 7 de front, non compris le chef de section, et s'il fallait

réduire encore le front, l'on ferait d'abord porter
l'arme sur l'épaule droite, prendre le pas accéléré successivement et au commandement des chefs de section,
afin que les hommes des 2.e et 3.e rangs, ainsi que les
files rompues, serrent à 15 pouces de distance, après
quoi l'on pourrait réduire le front des sections à 5,
non compris le chef.

Si, enfin, le défilé ne pouvait donner passage à
6 hommes de front, l'on ferait successivement prendre
l'arme au bras, le pas accéléré et marcher par le
flanc.

Au fur et à mesure que le défilé s'élargit, l'on fait
former en ligne les sections ou bien les demi-sections,
et en même temps l'on fait reprendre le pas de route
et l'arme à volonté.

Le terrain s'élargissant encore, l'on fait former les
pelotons.

La première subdivision suit les sinuosités du défilé,
les autres passent partout où elle a passé, sans s'occuper de la direction.

Les soldats ne cherchent pas à éviter les mauvais
chemins; ils marchent, autant que possible, droit
devant eux.

Les changements de direction s'exécutent à l'avertissement du chef de chaque subdivision, sans autre
commandement.

On ne doit mettre des files en arrière que du côté
du guide.

EXPLICATIONS.	COMMANDEMENTS	
	du chef de bataillon.	des chefs de peloton et de division.

3.° Former la colonne en avant et face en arrière en bataille.

Le chef de bataillon ayant indiqué à l'adjudant-major le point où il faut établir la droite du bataillon, celui-ci se détache avec deux jalonneurs *A* et *B* et les établit face à droite sur la ligne, à distance de peloton l'un de l'autre. La colonne, supposée la droite en tête, étant arrivée vis-à-vis et à distance de peloton des jalonneurs, est arrêtée, après quoi le chef de bataillon commande . . . . 1. *En avant en bataille.*

Le chef du 1.ᵉʳ peloton commande aussitôt . . . . 1. *Peloton en avant.* 2. *Guide à droite.* 3. *Pas accéléré* = MARCHE.

Ce peloton est arrêté à 3 pas de la ligne de bataille et aligné à droite contre les 2 jalonneurs . . 2. *Par peloton demi-à-gauche.* 3. *Pas accéléré* = MARCHE.

Tous les chefs de peloton se portent à 2 pas devant le centre de leur peloton.

Lorsque les pelotons ont assez conversé . . . . . . 4. *En avant.* 5. MARCHE. 6. *Guide à droite.*

EXPLICATIONS.	COMMANDEMENTS	
	du chef de bataillon.	des chefs de peloton et de division.

EXPLICATIONS.	du chef de bataillon.	des chefs de peloton et de division.
Les guides suivent exactement la file derrière laquelle ils se trouvent au commandement de MARCHE, jusqu'au moment où cette file change de direction.		
La droite de chaque peloton étant près d'arriver à hauteur de la gauche du peloton précédent, le chef de peloton commande....................		1. *Tournez à droite.* 2. MARCHE.
et lorsque chaque peloton arrive à trois pas de la ligne de bataille.....		3. tel *Peloton.* 4. HALTE!
Le guide de gauche sort, pour jalonner, face à droite, et, dès qu'il est établi sur la ligne, le chef de peloton se place à la gauche de dernier homme du 1.er rang du peloton précédent, et ajoute.		5. *A droite* = ALIGNEMENT. 6. FIXE.
La formation étant achevée, le chef de bataillon commande......	7. *Guides* = A VOS PLACES.	

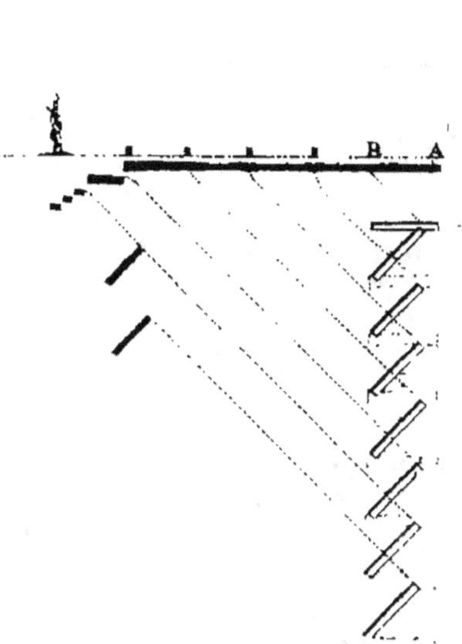

Ce mouvement, la gauche en tête, s'exécute d'après les mêmes principes et par les commandements inverses.

Plus l'angle que forme la ligne de bataille avec la colonne est aigu, et plus les pelotons doivent tourner; si, au contraire, il était beaucoup plus ouvert que l'angle droit, on se formerait sur la gauche ou sur la droite en bataille de préférence.

EXPLICATIONS.	COMMANDEMENTS du chef de bataillon.	des chefs de peloton et de division.
Les dispositions expliquées dans le 1.er alinéa de la page 29 ayant été exécutées, le chef de bataillon commande................	1. *Face en arrière en bataille.*	
Tous les chefs de peloton se portent au centre; celui du 1.er peloton commande aussitôt........	....	1. *Peloton par le flanc droit.* 2. A DROITE. 3. *Par file à gauche.* 4. *Pas accéléré* = MARCHE.
et conduit son peloton à 3 pas en arrière des jalonneurs; après quoi il commande	....	5. *Peloton.* 6. HALTE. 7. FRONT. 8. *A droite* = ALIGNEMENT.
Le 1.er peloton étant établi contre les jalonneurs, le chef de bataillon commande........	2. *Bataillon* = A DROITE.	
Tous les chefs de pelotons se portent à côté de leur sous-officier de remplacement............	3. *Pas accéléré* = MARCHE.	

Les pelotons, conduits par leurs chefs, se dirigent diagonalement vers l'endroit où ils doivent couper la ligne de bataille : ce qui leur est indiqué par les guides de gauche, qui se détachent à 12 ou 15 pas à l'avance, pour jalonner face à droite.

Chaque peloton dépasse la ligne de bataille de 3 pas,

EXPLICATIONS.	COMMANDEMENTS du chef de bataillon.	COMMANDEMENTS des chefs de peloton et de division.
converse par file à gauche, et, dès qu'il est arrivé vis-à-vis de l'emplacement qu'il doit y occuper, son chef commande............	....	1. tel *Peloton*. 2. Halte. 3. Front.
Après quoi il se place à la gauche du dernier homme du peloton précédent, et ajoute:......	....	4. *A droite* = alignement. 5. Fixe.

Lorsque la formation est achevée, le chef de bataillon fait rentrer les guides.

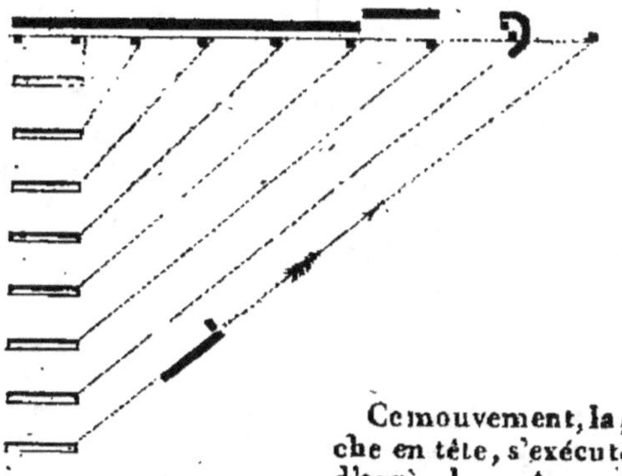

Ce mouvement, la gauche en tête, s'exécuterait d'après les mêmes principes et par les commandements inverses.

EXPLICATIONS.	COMMANDEMENTS	
	du chef de bataillon.	des chefs de peloton et de division.

4.° Former la colonne sur la droite ou sur la gauche en bataille.

La colonne ayant la droite en tête, et les dispositions indiquées au 1.er alinéa de la page 29 ayant été exécutées, le chef de bataillon commande :

EXPLICATIONS.	du chef de bataillon.	des chefs de peloton et de division.
	1. *Sur la droite en bataille.* 2. *Bataillon, Guide à droite.*	
lorsque le 1.er peloton arrive à hauteur du jalonneur *A*, son chef commande	. . . .	1. *Tournez à droite.*
et lorsque le peloton arrive à 3 pas de la ligne de bataille	. . . .	2. MARCHE. 3. 1.er *Peloton.* 4. HALTE.
Le chef de ce peloton se place un peu en avant du jalonneur *A*, sur l'alignement, et ajoute	. . . .	5. *A droite* ALIGNEMENT. 6. FIXE.

Tous les autres pelotons exécutent le même mouvement, aux mêmes commandements, au fur et à mesure qu'ils arrivent à hauteur de la gauche du peloton qui les précède immédiatement.

Dès que la formation est achevée, le chef de bataillon fait rentrer les guides.

L'adjudant-major veille à l'établissement du guide de gauche de chaque peloton, en se plaçant successivement en arrière d'eux, lorsqu'ils arrivent pour jalonner.

Les premiers jalonneurs doivent être placés de manière à ce que les guides, après avoir tourné à droite, aient au moins 10 pas à faire pour arriver sur la ligne.

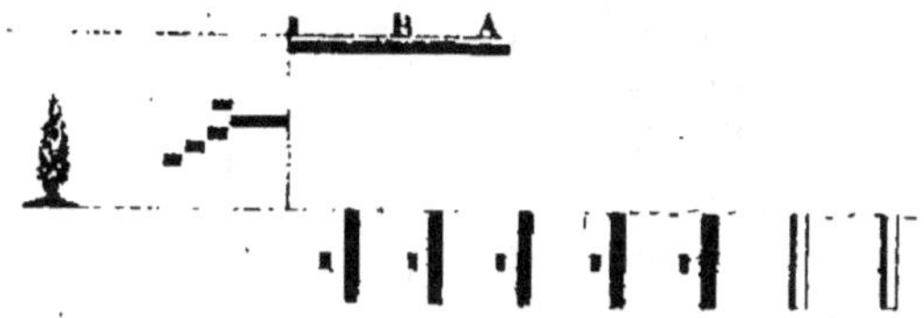

Ce mouvement, la gauche en tête, s'exécute d'après les mêmes principes et par les commandements inverses.

Dans toutes les formations successives, les guides ne sortent pour jalonner qu'au commandement de HALTE fait à leur peloton, à 3 pas de la ligne de bataille.

Le feu de deux rangs, dans ces formations, s'exécute de la manière suivante :

Aussitôt que le chef du 1.er peloton a entendu le commandement de FIXE de celui du 2.e, il se porte à 4 pas en arrière du centre de son peloton, et commande le feu de deux rangs; le 1.er jalonneur se retire, et le second recule vis-à-vis la droite du 2.e peloton. Dès que le chef du 2.e peloton entend le commandement de FIXE de celui du 3.e, il fait également exécuter le feu de deux rangs; le 2.e jalonneur se retire, et le guide de gauche recule vis-à-vis la droite du 3.e peloton, et ainsi de suite.

EXPLICATIONS.	COMMANDEMENTS	
	du chef de bataillon.	des chefs de peloton et de division.

5.° Marcher par le flanc et former les pelotons et les sections en marchant.

EXPLICATIONS.	du chef de bataillon.	des chefs de peloton et de division.
	1. *Bataillon, par le flanc droit.*	
Les chefs de peloton se placent en dehors, à côté de leur s.-officier de remplac., qui passe au 1.er rang.	2. A DROITE.	
Le sergent et le caporal d'encadrement se placent comme les chefs de peloton et les remplacements.	3. *Bataillon, en avant.* 4. MARCHE.	
L'adjudant - major se place à 6 pas de la tête, du côté du 1.er rang ; l'anjud. à pareille distance, à hauteur du drapeau.		
Si le bat.on faisait à gauche, Les chefs de peloton se porteraient à la gauche de leur peloton ; celui du 8.e, à côté du sous-officier d'encadrement ; le capor. rentrerait en serre-file.		
Pour faire converser par file, le chef de bataillon commande.	1. *Par file à droite* (ou *à gauche*) 2. MARCHE.	

EXPLICATIONS.	COMMANDEMENTS	
	du chef de bataillon.	des chefs de peloton et de division.
S'il veut faire former les pelotons en ligne, il commande............	1. *Par peloton en ligne.* 2. MARCHE.	
Les guides continuent à marcher droit devant eux chaque peloton se forme en ligne, et, dès qu'il est formé, le chef de peloton commande..		*Guide à gauche* (ou *à droite*).

Si l'on faisait former par sections en ligne, il suffirait de substituer le mot *sections* à celui *pelotons.*
Dans ce cas, chaque section n'ayant qu'un guide, il se porte légèrement au côté qu'indique le chef de section, s'il n'y est déjà.

Si l'on marche par le flanc droit, les chefs des 2.e sections passent par l'ouverture qui se forme au centre du peloton; dans le cas contraire, ils passent par la gauche.

| Le chef de bataillon, voulant arrêter le bataillon marchant par le flanc, commande...... | 1. *Bataillon.*
2. HALTE.
3. FRONT. | |

Au dernier commandement, les chefs de peloton, les remplacements, le sous-officier et le caporal d'encadrement, reprennent leurs places de bataille, même dans le cas où le bataillon marcherait par le flanc gauche.

6.° Colonne arrivant par devant ou par derrière la ligne de bataille.

La colonne, à distance entière et la droite en tête, arrivant par devant la ligne de bataille, le chef de bataillon fait placer un jalonneur A au point où elle doit la traverser, et un autre B à 4 pas au-delà, au point où elle doit changer de direction, pour se prolonger sur cette ligne. Le 1.ᵉʳ guide de gauche se dirige sur ces 2 jalonneurs, et, dès que le 1.ᵉʳ peloton est à 2 pas du jalonneur B, son chef fait les commandemens nécessaires pour le faire changer de direction à gauche.

En même temps que le 1.ᵉʳ peloton tourne à gauche, le guide général de droite se place sur la ligne de bataille, à hauteur du 1.ᵉʳ peloton, et marche sur les points qui lui sont indiqués par l'adjudant-major.

Lorsque le 4.ᵉ peloton change de direction, le drapeau sort et marche à hauteur de son peloton, sur les mêmes points que le guide général de droite.

Enfin, lorsque le 8.ᵉ peloton change de direction, le guide général de gauche sort également, et marche sur la direction de celui de droite et du porte-drapeau, à hauteur de ce peloton.

Les guides de la colonne ont l'attention de se maintenir constamment à 4 pas en dehors des guides généraux et du porte-drapeau.

Si le chef de bataillon veut former la colonne en bataille, après l'avoir prolongée sur la ligne, il fait sortir les guides, qui tous font face à la tête de la colonne, et fait aligner les pelotons; après quoi le chef de bataillon et les chefs de peloton se conforment à ce qui est expliqué pages 20 et 21 pour la formation en bataille.

Si la colonne avait la gauche en tête, le mouvement s'exécuterait par les commandements et moyens inverses.

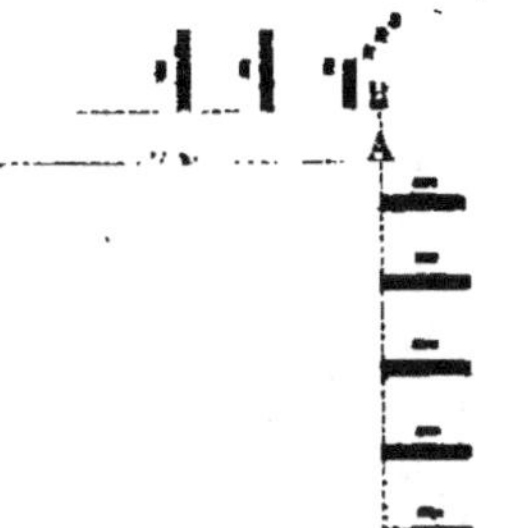

L'adjudant-major et l'adjudant veillent à ce que les guides généraux marchent correctement sur la direction des deux points donnés en avant. A cet effet, ils se placent quelquefois en arrière du porte-drapeau et du guide général de gauche, pour s'en assurer et rectifier leur marche, s'il y a lieu.

Lorsqu'on fait sortir les guides pour former la colonne à droite ou à gauche en bataille, ceux des 1.er, 4.e et 8.e ne sortent pas, attendu que le drapeau et les deux guides généraux les remplacent.

Si la colonne, la droite en tête, arrivait par derrière la ligne de bataille, le chef de bataillon ferait placer 2 jalonneurs *A* et *B*; le premier sur la ligne de bataille, et le second au point où les pelotons devraient changer de direction, et de manière que les guides, après le changement de direction, se trouvent à 4 pas au moins en arrière de la ligne de bataille.

A l'instant où le 1.er peloton, après avoir conversé, s'est prolongé parallèlement à la ligne de bataille, le guide général de droite s'est porté sur cette ligne, à hauteur de son peloton. Le drapeau et le guide général de gauche exécutent absolument la même chose à leur tour. Tout le reste s'exécute comme dans le mouvement précédent.

Si la colonne avait la gauche en tête, on emploierait les commandements et moyens inverses.

EXPLICATIONS.	COMMANDEMENTS	
	du chef de bataillon.	des chefs de peloton et de division.

7.° Changements de front.

Perpendiculaire en avant sur le 1.er peloton.

EXPLICATIONS	du chef de bataillon	des chefs de peloton et de division
Le chef de bataillon place 2 jalonneurs, *A* et *B*, sur la direction qu'il veut donner à la ligne de bataille, et ordonne au chef du 1.er peloton de l'établir contre ces 2 jalonn.rs; celui-ci commande aussitôt.		1. *Par peloton à droite.* 2. *Pas accéléré* = MARCHE.
Et lorsque l'aile marchante arrive à 3 pas des jalonneurs..............	....	3. 1.er *Peloton.* 4. HALTE. 5. *A droite* = ALIGNEMENT.
Ces dispositions étant faites, le chef de bataillon commande........	1. *Changem. de front en avant sur le* 1.er *peloton.* 2. *Par peloton demi à droite.*	
Tous les chefs de peloton se portent devant le centre de leur peloton. Les remplacemeuts avancent au 1.er rang........	3. *Pas accéléré* = MARCHE.	
Les pelotons conversent à droite, à pivot fixe. Les guides de gauche se portent à la gauche dès qu'ils peuvent passer.		

EXPLICATIONS.	COMMANDEMENTS	
	du chef de bataillon.	des chefs de peloton et de division.
Dès que les pelotons ont assez conversé, le chef de bataillon commande...	4. *En avant.* 5. MARCHE. 6. *Guide à droite.*	
Les guides suivent la file du peloton précédent qui se trouve vis-à-vis d'eux.		
Lorsque la droite de chaque peloton est près d'arriver à hauteur de la gauche de celui qui le précède sur la ligne, son chef commande........		1. *Tournez à droite.* 2. MARCHE.
Et lorsque chaque peloton arrive à 3 pas de la ligne de bataille.......		3. tel *Peloton.* 4. HALTE.
Le guide de gauche sort pour jalonner face à droite...............		4. *A droite* = ALIGNEMENT. 6. FIXE.
La formation achevée, le chef de bataillon commande...............	*Guides* = A VOS PLACES.	

(*Voir la figure ci-contre.*)

Le changement de front en avant, sur le 8.e peloton, s'exécuterait d'après les mêmes principes et par les moyens inverses.

EXPLICATIONS.	COMMANDEMENTS	
	du chef de bataillon.	des chefs de peloton et de division.

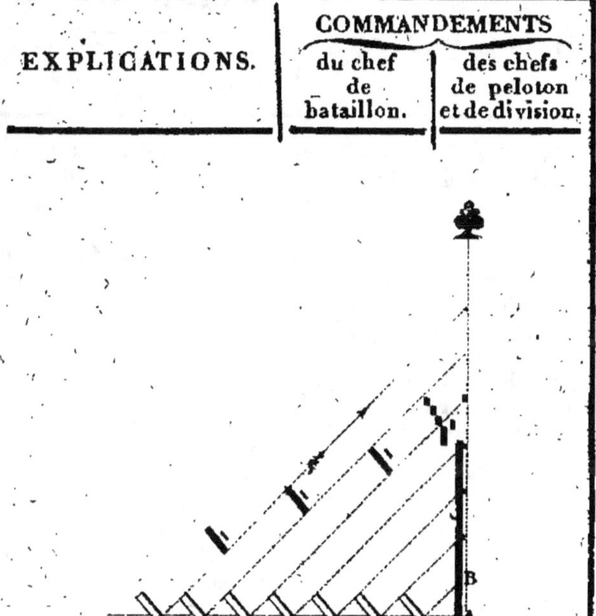

Perpendiculaire en arrière sur le 1.er peloton.

Le chef de bataillon donne l'ordre au chef du 1.er peloton de faire porter l'aile gauche de son peloton perpendiculairement en arrière ; celui-ci commande aussitôt. . . . .

1. *Peloton.*
2. *Demi-tour* = À DROITE.
3. *Par peloton à gauche.*
4. *Pas accéléré* = MARCHE.

Le peloton converse à

EXPLICATIONS.	COMMANDEMENTS du chef de bataillon.	des chefs de peloton et de division.
pivot fixe, et lorsqu'il a exécuté un demi-quart de conversion, son chef ajoute.		5. 1er *Peloton.* 6. HALTE. 7. *Peloton.* 8. *Demi-tour* A DROITE.
Le chef de bataillon fait alors établir 2 jalonneurs, *A* et *B*, contre lesquels le peloton est aussitôt aligné à droite par son chef ; ensuite le chef de bataillon commande.	1. *Changem. de front en arrière sur le* 1.er*pelot.* 2. *Bataillon.* 3. *Demi-tour* A DROITE.	
Tous les chefs de peloton, excepté le 1.er, se portent en arrière du 1.er rang, au centre de leur peloton.	4. *Par peloton demi à gauche.* 5. *Pas accéléré* MARCHE.	
Les pelotons conversent à pivot fixe, et lorsqu'ils ont assez tourné. .	6. *En avant.* 7. MARCHE.	
Chaque peloton arrivant à hauteur de la gauche de celui qui le précède, son chef commande.	8. *Guide à gauche.*	1. *Tournez à gauche.* 2. MARCHE.
Les pelotons coupent		

EXPLICATIONS.	COMMANDEMENTS	
	du chef de bataillon.	des chefs de peloton et de division.
la ligne de bataille, et, lorsque le 1.er rang l'a dépassée de 3 pas, chaque chef ajoute.....		3. tel *Peloton*.
Les guides de gauche sortent pour jalonner face à droite.............	....	4. HALTE.
		5. *Peloton*.
		6. *Demi-tour* = A DROITE.
La formation achevée, le chef de bataillon fait rentrer les guides.		7. *A droite* = ALIGNEMENT.
		8. FIXE.

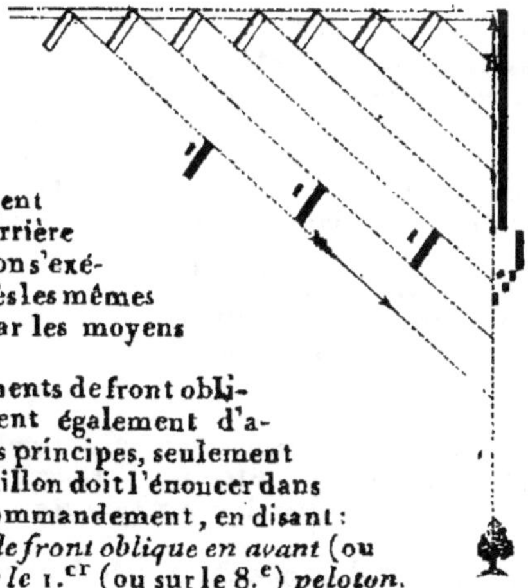

Le changement de front en arrière sur le 8.e peloton s'exécuterait d'après les mêmes principes et par les moyens inverses.

Les changements de front obliques s'exécutent également d'après les mêmes principes, seulement le chef de bataillon doit l'énoncer dans son premier commandement, en disant : *Changement de front oblique en avant* (ou *en arrière*) *sur le* 1.er (ou *sur le* 8.e) *peloton*.

EXPLICATIONS.	COMMANDEMENTS	
	du chef de bataillon.	des chefs de peloton et de division.

8.° Marche de flanc, changements de direction par file, formations par file sur la droite (*ou* sur la gauche) en bataille.

Les principes de la marche de flanc ont déjà été expliqués page 36, ainsi que ceux des changements de direction par file.

Le bataillon marchant par le flanc droit, le chef de bataillon indique à l'adjudant-major le point où doit appuyer sa droite; celui-ci place 2 jalonneurs, face à droite, à distance de peloton l'un de l'autre, et à 6 pas au moins sur la droite du 3.ᵉ rang du bataillon.

Ensuite le chef de bataillon commande.........	1. *Sur la droite par file en bataille.*	
Et lorsque la droite du 1.ᵉʳ peloton arrive à hauteur du 1.ᵉʳ jalonneur...	2. MARCHE.	
Cette formation s'exécute comme il a été expliqué à l'école de peloton, n.° 138 de l'ordonnance.		

Les guides de gauche ne se portent sur la ligne qu'avec la dernière file du 1.ᵉʳ rang de leur peloton.

Lorsque la formation est achevée, on fait rentrer les guides.

Si le bataillon marche par le flanc gauche, la formation a lieu d'après les mêmes principes et par les moyens inverses.

EXPLICATIONS.	COMMANDEMENTS du chef de bataillon.	des chefs de peloton et de division.

9.° Passer le défilé en retraite par l'aile droite ou par l'aile gauche.

Le bataillon marchant en bataille en retraite, étant arrivé vis-à-vis d'un défilé, et dans la supposition que ce défilé se trouve vis-à-vis l'aile gauche, est arrêté à 15 ou 20 pas avant d'y arriver, et remis face en tête, après quoi le chef de bataillon commande......

En arrière par l'aile droite, passez le défilé.

Le chef du 1.er peloton commande aussitôt.....

1. 1.er *Peloton par le flanc droit.*
2. À DROITE.
3. *Pas accéléré* — MARCHE.

Ce peloton, conduit par son chef, converse à droite, marche en arrière, jusqu'à ce qu'il ait dépassé de 4 pas les serre-files du bataillon, et converse de nouveau à droite.

Tous les pelotons font successivement la même chose; le 2.e commence son mouvement de manière à suivre immédiatement le 1.er, et ainsi de suite.

Si le défilé ne peut donner passage qu'à une section de front, le chef du 1.er peloton le fait former par sec-

tion en ligne à quelques pas de là, et le guide de la
1.re section se dirige sur le point où il doit changer
de direction pour entrer dans le défilé; les autres pelotons exécutent successivement le même mouvement.

Au fur et à mesure que les 2 sections de chaque
peloton sortent du défilé, le chef de peloton fait former le peloton.

Le chef de bataillon peut faire reformer la ligne,
face au défilé, et, dans ce cas, la colonne change de
direction à gauche au point qu'il indique, et, lorsqu'elle est entièrement sur cette nouvelle direction,
il l'arrête, et la fait former à gauche en bataille, ou
bien, s'il veut placer le défilé vis-à-vis la droite, il
fait former la colonne face en arrière en bataille.

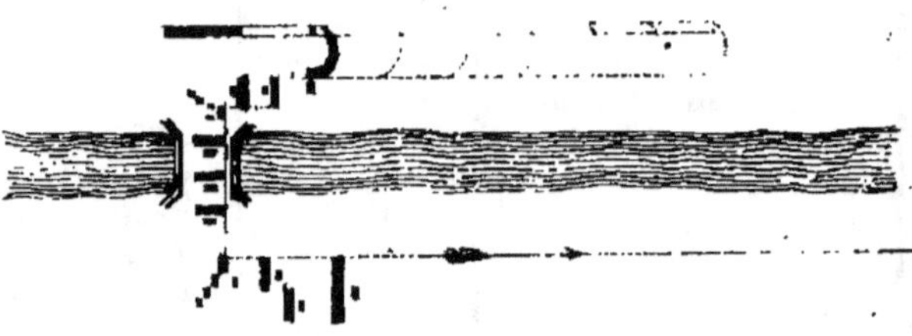

Si le défilé se trouvait en arrière de l'aile droite,
on le passerait par l'aile gauche d'après les mêmes
principes et par les moyens inverses.

Si le défilé ne permettait pas à une section d'y passer de front, on le passerait par le flanc, et l'on formerait les pelotons en ligne au fur et à mesure de leur
sortie.

4.ᵉ LEÇON.

1.° Rompre en arrière à droite ou à gauche par division.

Ce mouvement se trouve déjà expliqué à la page 25, pour rompre par peloton en arrière à droite ou à gauche. Il n'y a d'autre différence que la substitution du mot *division* à celui *peloton* dans les commandements.

2.° Marcher en colonne par division, rompre et former les divisions.

La marche en colonne a déjà été expliquée aux pages 18 et 19.

On a de même expliqué le mouvement de rompre et former les pelotons, d'après les principes expliqués à l'école de peloton, n.° 237, page 33 de cette École. Il n'y a d'autre différence que la substitution du mot *division* à celui *peloton* dans le commandement. Les principes sont absolument les mêmes.

Le chef de bataillon fait rompre les divisions toutes à la fois et à son commandement.

EXPLICATIONS.	COMMANDEMENTS	
	du chef de bataillon.	des chefs de peloton et de division.

3.° Serrer la colonne à demi-distance sur la division de la tête ou sur celle de la queue.

La colonne étant en marche par division, la droite en tête, le chef de bataillon commande, pour serrer sur celle de la tête.....

  1. *A distance de peloton serrez la colonne.*

  2. *Pas accéléré* === **MARCHE.**

Le chef de la 1.re division commande aussitôt. . . . .

  1. 1.re *Divis.*

  2. **HALTE.**

  3. *A gauche* === **ALIGNEMENT.**

  4. **FIXE.**

Toutes les autres divisions sont de même arrêtées et alignées, lorsque leur guide arrive à distance de peloton de celui qui le précède.

Les guides doivent se placer correctement sur la direction.

L'adjudant-major se place en avant du 1.er peloton, et assure de là la position des autres au fur et à mesure qu'ils arrivent. L'adjudant marche à hauteur du dernier guide.

Si la colonne était de pied ferme, le mouvement s'exécuterait par les mêmes commandements.

EXPLICATIONS.	COMMANDEMENTS du chef de bataillon.	des chefs de peloton et de division.
Si, au lieu de serrer sur la 1.re division, on voulait faire serrer sur la 4.e, il faudrait d'abord arrêter la colonne, si elle était en marche, puis commander :		
	1. *Sur la 4.e divis., à distance de peloton, serrez la colonne.*	
Les 3 premières divisions font demi-tour, et leurs guides restent au 1.er rang..............	2. *Bataillon.* 3. *Demi-tour* = A DROITE. 4. *Colonne en avant.*	
Les chefs des 3 premières divis. se portent à 2 pas en dehors de leur guide, du côté de la direction..	5. *Guide à droite.* 6. *Pas accéléré* = MARCHE.	
La 4.e divis. est alignée à gauche par son chef.		
Le guide de la 3.e divis. étant arrivé à distance de peloton de celui de la 4.e, son chef commande.....		1. *3.e Divis.* 2. HALTE. 3. *Division.* 4. *Demi-tour* = A DROITE.
Le guide reste face en arrière.		
Le chef de la 3.e division se porte ensuite à 2 pas en avant du centre.		5. *A gauche* = ALIGNEMENT. 6. FIXE.

Les autres divisions font successivement comme la 3.e, et, lorsque le mouvement est achevé, le chef de bataillon fait faire demi-tour aux guides.

EXPLICATIONS.	COMMANDEMENTS	
	du chef de bataillon.	des chefs de peloton et de division.

4.° Marcher en colonne à demi-distance et changer de direction,

Cette marche et ces changements de direction s'exécutent aux mêmes commandements et de la manière expliquée aux pages 18 et 19, avec cette seule différence, que, dans les changements de direction, sur le côté opposé au guide, le pivot fait le pas d'un pied, au lieu de le faire de 8 pouces.

5.° La colonne étant à demi-distance, former le carré.

	du chef de bataillon.	des chefs de peloton et de division.
La colonne étant par division et la droite en tête, le chef de bataillon commande............	1. *Formez le carré.*	
Les serre-files de la 4.ᵉ divis. se portent derrière le 1.ᵉʳ rang, en passant par les flancs extérieurs.		
Les 2 guides de cette division élèvent la crosse en l'air.		
L'adjudant-major se porte en avant des guides de gauche, et l'adjudant en avant de ceux de droite; l'un et l'autre assurent les guides entre le premier et le dernier......	2. *A droite et à gauche en bataille.*	

EXPLICATIONS.	COMMANDEMENTS	
	du chef de bataillon.	des chefs de peloton et de division.
Le chef de la 1.re divis. l'avertit de ne pas bouger. Les chefs de peloton des 2.e et 3.e divis. se portent à 2 pas devant le centre. Le drapeau recule sur l'alignement des serre-files, et est remplacé au 1.er rang par le caporal du 2.e rang de sa file. Le chef de la 4.e division commande....... et se porte de sa personne à 2 pas en dehors de son guide...............	....	1. *4.e Divis. en avant.* 2. *Guide à gauche.*
Les chefs de peloton et de div., excepté celui de la 1.re, répètent vivement.	3. *Pas accéléré* ⸗ MARCHE.	MARCHE.
La file de droite de la 1.re divis. fait à droite, et celle de gauche à gauche. Les tambours se portent à distance de section derrière le centre de la 1.re division. Les sapeurs derrière la garde du drapeau. La 4.e division ayant fermé le carré, son chef commande............	....	3. *4.e Divis.* 4. HALTE. 5. *4.e Divis.* 6. *Dem.-tour* ⸗ A DROITE.

EXPLICATIONS.	COMMANDEMENTS du chef de bataillon.	des chefs de peloton et de division.
Le chef de peloton le moins ancien passe au centre et au 3.e rang, devenu 1.er; le remplacement derrière lui. Tous les serre-files serrent à 1 pas. Les files extérieures de la 4.e division font l'une à droite et l'autre à gauche. La formation étant achevée..............		7. *A droite* = ALIGNEMENT. 8. FIXE.
Les chefs des 1.re et 4.e divisions, ainsi que tous les guides, entrent dans le carré. Les chefs des pelotons impairs dans la 2.e face restent à la gauche avec le guide de gauche derrière.eux. Leurs remplac. rentrent en serre-files. L'adj.-maj. *A* se place derrière la gauche de la 1.re divis., et l'adjud. *B*, derrière la droite. La 1.re division forme la 1.re face. La 4.e, la 4.e face. Les pelotons impairs, la 2.e face. Les pelot. pairs, 3e face.	4. *Guides* = A VOS PLACES.	

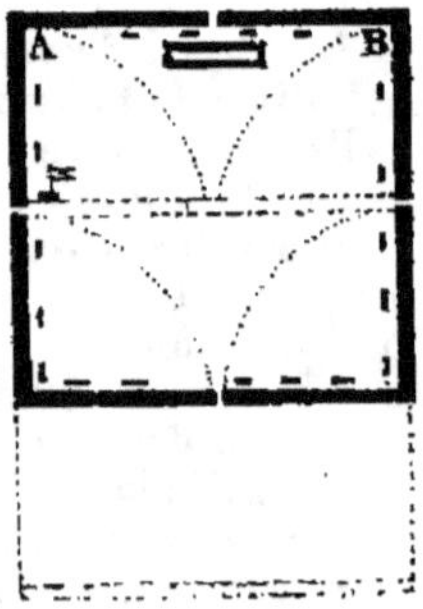

Le plus ancien capitaine commande la 2.e face, le suivant la 3.e, sur les 4 pelotons qui forment ces 2 faces.

EXPLICATIONS.	COMMANDEMENTS	
	du chef de bataillon.	des chefs de peloton et de division.

6.º Étant en carré, former la colonne, marcher en avant et en arrière, reformer le carré.

EXPLICATIONS.	du chef de bataillon.	des chefs de peloton et de division.
Pour marcher en avant, le chef de bataillon commande...............	1. *Formez la colonne.*	
Le commandant de la 1.re face ajonte.......	....	1. 1.re *Divis. en avant.*
La 4.e face est avertie de ne pas bouger.		2. *Guide à gauche.*
Le commandant de la 2.e face, placé à 4 pas derrière le centre, commande	....	1. 2e*Face par le flanc gauche.*
		2. À GAUCHE.
		3. *Par peloton par file à gauche.*
Celui de la 3.e face placé de même, commande.	....	1. 3e*Face par le flanc droit.*
		2. À DROITE.
		3. *Par peloton par file à droite.*
Le chef de la 1.re division répète seul........	2. *Pas accéléré* = MARCHE.	MARCHE.

La 1.re division marche en avant l'étendue du front d'un peloton, est arrêtée et alignée à gauche. Les pelotons des 2.e et 3.e divisions marchent à la rencontre l'un de l'autre, sont arrêtés lorsqu'ils se joignent, mis de front, et chaque division alignée à gauche par son chef.

La 4.e division fait *demi-tour à droite*, et est de

EXPLICATIONS.	COMMANDEMENTS	
	du chef de bataillon.	des chefs de peloton et de division.

même alignée à gauche. Les serre-files restent en avant du 1.er rang.

Si, après avoir marché en avant, le chef de bataillon veut faire former le carré, il arrête la colonne, et fait exécuter tout ce qui est indiqué aux pages 52, 53 et 54.

Si, au lieu de faire former le carré, on voulait faire marcher en retraite, le chef de bataillon commanderait............		1. *Pour marcher en retraite.*
Les serre-files des 2.e et 3.e divisions se portent derrière le 1.er rang, en passant par les 2 ailes...		2. *Face par le 3.e rang.* 3. *Bataillon.* 4. *Demi-tour* = A DROITE.
Les chefs de division se portent en avant du 3.e rang, en passant par le créneau; le 2.e chef de peloton et les guides avancent au 3.e rang, devenu 1.er		

Si, après avoir marché en retraite, on veut faire former le carré, cela s'exécute comme il a été dit aux pages 52, 53 et 54, avec cette différence, qu'on applique à la 1.re division tout ce qui a été dit pour la 4.e, moins les serre-files, qui se trouvent naturellement placés derrière le 3.e rang, et qui doivent y rester.

Les faces du carré conservent leur dénomination.

Il est de principe, qu'en reformant la colonne, elle doit l'être dans l'ordre où elle se trouvait avant la formation du carré.

EXPLICATIONS.	COMMANDEMENTS	
	du chef de bataillon.	des chefs de peloton et de division.

Ainsi, lorsque le carré a été formé, la colonne étant par le 3.e rang, la 4.e division se porte en avant, et la 1.re fait *demi-tour à droite*. Tous les serre-files restent dans la position où ils se trouvent.

Si l'on veut faire marcher en avant, la colonne étant par le 3.e rang, le chef de bataillon commande..............

1. *Pour marcher en avant.*

2. *Face par le 1.er rang.*

Les serre-files des 2.e et 3.e divisions reprennent leurs places derrière le 3.e rang..............

3. *Bataillon.*

4. *Demi-tour* A DROITE.

Le bataillon fait *demi-tour à droite*; les chefs de division passent en avant du 1.er rang, par le créneau du centre; les 2.es chefs de peloton et les guides avancent au 1.er rang.

La formation du carré, après avoir marché en avant, a lieu ainsi qu'il est expliqué aux pages 52, 53 et 54.

EXPLICATIONS.	COMMANDEMENTS	
	du chef de bataillon.	des chefs de peloton et de division.

7.° Rompre le carré.

Le carré ayant été formé en marchant en avant, le chef de bat.ᵒⁿ commande.

1. Rompez le carré.
2. Pas accéléré $=$ MARCHE.

Ce mouvement est le même que pour former la colonne, page 55, avec cette différence que les serre-files de la 4.ᵉ division repassent derrière le 3.ᵉ rang au moment où elle fait *demi-tour*, et que les sapeurs, les tambours et le drapeau reprennent leurs places de colonne.

Si le carré était formé par le 3.ᵉ rang, on se conformerait de même à ce qui est expliqué à la page 57, sans aucune différence, et, lorsque la colonne serait formée, le chef de bataillon commanderait.

1. Face par le 1.ᵉʳ rang.

Les serre-files des 2.ᵉ, 3.ᵉ et 4.ᵉ divisions repasseraient derrière le 3.ᵉ rang.

2. Bataillon.
3. Demi-tour $=$ A DROITE.

Le drapeau, les sapeurs, les tambours, l'adjudant-major et l'adjudant reprennent également leurs places de colonne.

EXPLICATIONS.	COMMANDEMENTS	
	du chef de bataillon.	des chefs de peloton et de division.

8.° Serrer la colonne en masse sur la division de la tête ou sur celle de la queue.

EXPLICATIONS	du chef de bataillon	des chefs de peloton et de division
La colonne en marche, ayant la droite en tête, le chef de bataillon, voulant la faire serrer en masse sur la division de la tête, commande............	1. *En masse serrez la colonne.* 2. *Pas accéléré* = MARCHE.	
Le chef de la 1.re division ajoute aussitôt..... L'adjudant-major se place en avant du guide de la tête, et assure, par des signes, les guides de gauche sur la direction.	....	1. 1.re *Divis.* 2. HALTE. 3. *A gauche* = ALIGNEMENT.

Les divisions suivantes sont arrêtées par leur chef lorsque leur guide arrive à 6 pas de celui qui le précède, et alignées à gauche.

Les serre-files serrent à 1 pas de distance au moment où les divisions s'alignent.

Si la colonne avait la gauche en tête, ce mouvement s'exécuterait d'après les mêmes principes et par les commandements inverses, quant aux alignements seulement.

EXPLICATIONS.	COMMANDEMENTS	
	du chef de bataillon.	des chefs de peloton et de division.

Si l'on veut faire serrer en masse sur la division de la queue, le chef de bataillon, après avoir arrêté la colonne, commande. . . .

	1. *Sur la 4.e division en masse serrez la colonne.*

Toutes les divisions, hors la 4.e, font demi-tour ; les guides restent au 1.er rang.

Les chefs des 3 premières divisions se portent à à pas sur le flanc du côté de la direction. . . . .

	2. *Bataillon.*
	3. *Demi-tour* = A DROITE.
	4. *Colonne en avant.*
	5. *Guide à droite.*
	6. *Pas accéléré* = MARCHE.

La 4.e div.on est alignée à gauche par son chef.

Au fur et à mesure que chaque guide arrive à 6 pas de celui qui le précède, le chef de la division commande. . . . . . .

Les guides restent face eu arrière.

Lorsque la colonne est formée, le chef de bataillon commande. . . . . . .

du chef de bataillon.	des chefs de peloton et de division.
. . . .	1. telle *Divis.*
	2. HALTE.
	3. telle *Divis.*
	4. *Demi-tour* = A DROITE.
7. *Guides.*	5. *A gauche* = ALIGNEMENT.
8. *Demi-tour* = A DROITE.	

L'adjudant-major, placé en arrière du guide de la 4.e division, assure tous les autres sur la direction.

Ce mouvement, la gauche en tête, s'exécuterait d'après les mêmes principes.

EXPLICATIONS.	COMMANDEMENTS	
	du chef de bataillon.	des chefs de peloton et de division.

9.° Marcher en colonne serrée et changer de direction en marchant.

La colonne étant en marche, par division, et la droite en tête, le chef de bataillon fait prendre le guide du côté opposé au changement de direction, s'il n'y est déjà ; ensuite il fait placer un jalonneur *A* au point où il veut que le mouvement s'exécute, puis il commande	1. *Bataillon, à droite* (ou *à gauche*) *conversion.*	
Toutes les divisions conversent en marchant ; le pivot fait le pas d'un pied.	2. MARCHE.	
Tous les autres guides conversent de manière à être toujours à 6 pas de celui qui les précède ; pour cela il est nécessaire que ceux placés à l'aile marchante avancent d'abord l'épaule extérieure, puis obliquent légère-		

EXPLICATIONS.	COMMANDEMENTS	
	du chef de bataillon.	des chefs de peloton et de division.

ment en dehors en même temps qu'ils marchent en avant.

Chaque chef de division doit lui faire face pour surveiller l'exécution du mouvement, de manière qu'elle soit toujours encadrée entre ces deux guides, et placée à peu près parallèlement à celle qui la précède.

| Lorsque la conversion est près d'être achevée, le chef de bataillon commande................ | 3. *En avant.* 4. MARCHE. | |

Si, après que le mouvement est achevé, les guides se trouvaient du côté opposé à celui où ils doivent être dans l'ordre naturel, le chef de bataillon ferait les commandements nécessaires pour changer le côté de la direction.

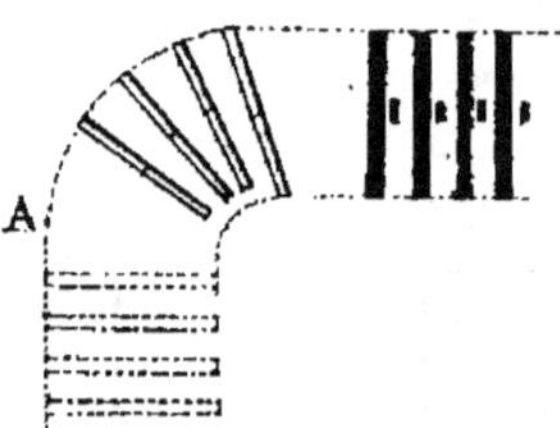

EXPLICATIONS.	COMMANDEMENTS	
	du chef de bataillon.	des chefs de peloton et de division.

10.° Prendre les distances par la tête de la colonne sur la division de la tête ou sur celle de la queue.

La colonne étant par division, serrée en masse, la droite en tête, le chef de bataillon, voulant faire prendre les distances par la tête de la colonne, commande................ | 1. *Par la tête de la colonne prenez les distances.* |

Le chef de la 1.re division commande aussitôt. .... | 1. 1.re *Divis. en avant.* 2. *Guide à gauche.* 2. *Pas accéléré* = MARCHE.

Les autres chefs de division font successivement les mêmes commandements au fur et à mesure qu'ils atteignent leur distance.

Pour prendre les distances sur la queue de la colonne, 2 jalonneurs, *A* et *B*, sont placés face en arrière et du côté de la direction; l'un à hauteur de la 4.e division, et l'autre à distance de division vers la tête de la colonne. Le guide général de droite se porte en même temps au delà du point où doit arriver la tête et sur la direction des 2 jalonneurs,

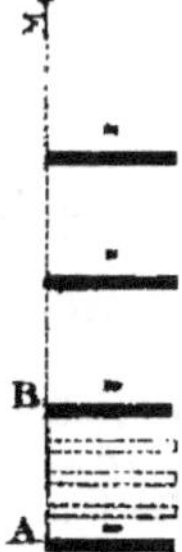

EXPLICATIONS.	COMMANDEMENTS	
	du chef de bataillon.	des chefs de peluton et de division.
après quoi le chef de bataillon commande......	1. *Sur la 4.e division prenez les distances.* 2. *Colonne en avant.* 3. *Guide à gauche.* 4.*Pas accéléré* = MARCHE.	
Tous les chefs de division, hors celni de la 4.e, se portent à 2 pas sur le flanc, du côté de la direction.................		
Les chefs des 3 premières divisions répètent...	....	MARCHE.
celui de la 4.e commande aussitôt	....	1.*A gauche*= ALIGNEMENT. 2. FIXE.
Lorsque la 3.e division arrive à hauteur du jalonneur *B*, son chef commande		1. 3.e *Divis.* 2. HALTE. 3. *A gauche*= ALIGNEMENT. 4. FIXE.

La 3.e div. est alignée sur le jalonn. *B*, lequel est remplacé par le guide de la div. au commandement FIXE.

Les 2.e et 1.re div. sont de même arrêtées et alignées lorsqu'elles atteignent leur distance; les guides de gauche de ces div. se placent sur la direct. et face en arrière.

La formation achevée, le chef de bataillon fait faire demi-tour aux guides à son commandement.

L'adjudant-major assure la position des guides au fur et à mesure qu'ils arrivent sur la direction et à leur distance. L'adjudant dirige la marche du 1.er guide de la colonne.

EXPLICATIONS.	COMMANDEMENTS	
	du chef de bataillon.	des chefs de peloton et de division.

Pour prendre les distances sur la tête de la colonne, le chef de bataillon fait établir 2 jalonneurs, *C* et *D*, comme il a été expliqué dans le mouvement précédent, excepté qu'ils font face en avant. Le guide général de gauche se porte de même au delà du point où doit arriver la gauche de la colonne face aux 2 jalonneurs et sur leur direction, ensuite le chef de bataillon commande............ 1. *Sur la* 1.re *division prenez les distances.*

2. *Bataillon.*

3. *Demi-tour* = À DROITE.

Toutes les divisions, hors la 1.re, font demi-tour, et les guides restent au 1.er rang.

4. *Colonne en avant.*

Les chefs des 3 dernières divisions se portent en dehors de leur guide.

5. *Guide à droite.*

La 1.re divis. est alignée à gauche par son chef.

6. *Pas accéléré* = MARCHE.

Dès que le guide de la 2.e division arrive à hauteur du jalonneur *D*, le chef de cette division commande............ .... 1. 2.e *Divis.*

2. HALTE.

3. 2.e *Divis.*

4. *Demi-tour* = À DROITE.

La division est alignée sur le jalonneur *D*.

5. *A gauche* = ALIGNEMENT.

6. FIXE.

B

5

EXPLICATIONS.	COMMANDEMENTS	
	du chef de bataillon.	des chefs de peloton et de division.

Au commandement Fixe, le jalonneur D se retire et est remplacé par le guide de la division.

Au fur et à mesure que les guides des 3.e et 4.e divisions atteignent leur distance, les chefs de ces divisions se conforment à tout ce qui vient d'être dit pour celui de la 2.e

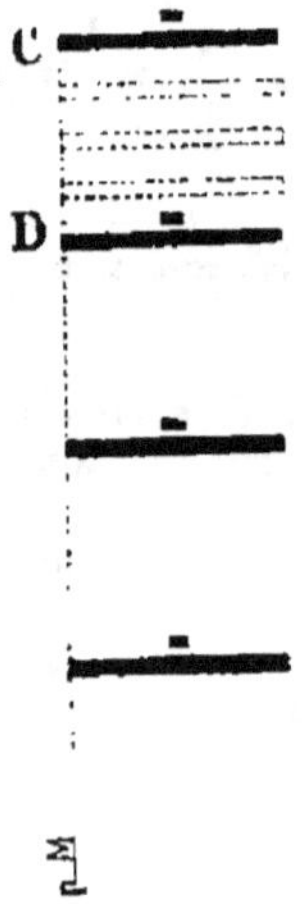

Dans une colonne ayant la gauche en tête, ces mouvements s'exécutent d'après les mêmes principes.

11.º Rompre les divisions et faire exécuter par pelotons les mouvements indiqués aux art. 3, 4, 5, 7, 8 et 10 de cette leçon.

Le mouvement de rompre les divisions s'exécute au commandement du chef de bataillon, d'après les principes expliqués pour un peloton, n.º 237 de l'École de peloton (page 33 de cette École); il n'y a qu'à substituer, dans le commandement, la dénomination de *division* à celle de *peloton*.

ART. 3. Le mouvement prescrit à cet article a été expliqué à la page 50, pour les divisions; il n'y a de même que la substitution de *peloton* à *division* dans les commandements.

ART. 4. Ces mouvements s'exécutent ainsi qu'il est expliqué à la page 52, pour la division.

ART. 5. La formation du carré s'exécute, dans une colonne formée par peloton, ainsi qu'il est expliqué aux pages 52, 53 et 54, et en appliquant aux pelotons et aux sections tout ce qui est dit pour les divisions et les pelotons.

ART. 7. Il en est de même pour rompre les carrés, page 58.

ART 8. Mouvement expliqué aux pages 59 et 60 pour une colonne par division; il n'y a d'autre différence que la substitution de *peloton* à *division* dans les commandements.

ART. 10. Mouvements expliqués aux pages 63, 64, 65 et 66. Même observation que ci-dessus, pour les commandements.

EXPLICATIONS.	COMMANDEMENTS	
	du chef de bataillon.	des chefs de peloton et de division.

12.° Étant en colonne par pelotons, former les divisions de pied ferme.

EXPLICATIONS.	du chef de bataillon.	des chefs de peloton et de division.
La colonne ayant la droite en tête et étant serrée en masse, le chef de bataillon commande.	1. *Formez les divisions.*	
Les chefs des pelotons pairs les préviennent qu'ils doivent faire à gauche..................	2. *Pelotons pairs* = A GAUCHE.	
Les chefs de ces pelotons se portent à côté de leur guide de gauche. Les deux guides des pelotons impairs jalonnent leur peloton face à droite......	3. *Pas accéléré* = MARCHE.	
Les chefs des pelotons pairs les laissent filer, et dès que la 1.re file arrive à leur hauteur, ils commandent.................		1. tel *Peloton.* 2. HALTE. 3. FRONT.

EXPLICATIONS.	COMMANDEMENTS	
	du chef de bataillon.	des chefs de peloton et de division
Le guide de gauche de chaque peloton pair se porte en jalonneur face et sur la direction des deux guides du peloton impair.		
Le chef de peloton se porte à côté du dernier homme du premier rang du peloton impair et ajoute....................		4. *A droite* = ALIGNEMENT. 5. FIXE.
Les chefs de division se portent devant le centre et le chef de peloton le moins ancien dans le créneau.		
La formation achevée, le chef de bataillon commande	4. *Guides* = A VOS PLACES.	

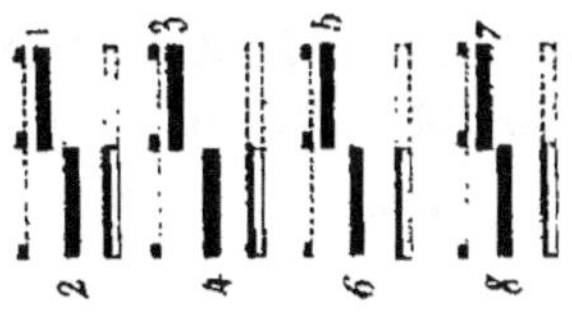

EXPLICATIONS.	COMMANDEMENTS	
	du chef de bataillon.	des chefs de peloton et de division.

Si la colonne, au lieu d'être serrée en masse, était à distance entière ou à demi-distance, le mouvement s'exécuterait d'après les mêmes principes, avec cette différence que les chefs des pelotons pairs, après avoir commandé FRONT, se porteraient devant le centre de leur peloton et commanderaient......

1. tel *Peloton en avant.*
2. *Guides à droite.*
3. MARCHE.

Qu'ils arrêteraient leur peloton à 3 pas de la ligne de bataille de la division, et que leur guide de gauche se porterait en jalonneur au commandement de HALTE seulement, après quoi ils aligneraient leur peloton à droite.

Ces mouvements, dans une colonne la gauche en tête, s'exécutent par les moyens inverses ; les pelotons impairs se conforment à tout ce qui vient d'être dit pour les pelotons pairs.

Tous les guides font face à gauche.

13.° Former la colonne par division à droite ou à gauche en bataille.

Ce mouvement a déjà été expliqué aux pages 20 et 21.

EXPLICATIONS.	COMMANDEMENTS	
	du chef de bataillon.	des chefs de peloton et de division.

5.e LEÇON.

1.° Ployer le bataillon en colonne serrée par division.

Pour le ployer en arrière de la 1.re division, le chef de bataillon commande..............	1. *Colonne serrée par division.*	
Tous les chefs de division se portent devant le centre; celui de la 1.re l'avertit de ne pas bouger. Les remplacements se portent au 1.er rang. Les 3 dernières divisions sont prévenues qu'elles feront à droite..............	2. *Sur la 1.re division la droite en tête en colonne.*	
	3. *Bataillon* = À DROITE.	
Les chefs des 3 dernières divisions se portent à la droite et font déboîter les 3 premières files en arrière. Le chef de peloton le moins ancien se porte au centre de la division à côté du remplacement ..	3. *Pas accéléré* = MARCHE.	

EXPLICATIONS.	COMMANDEMENTS	
	du chef de bataillon.	des chefs de peloton et de division.
Le chef de la 1.ʳᵉ division commande aussitôt.	....	*Guide à gauche.*
Le guide s'y porte dès qu'il peut passer, les serre-files serrent à un pas du 3.ᵉ rang.		
Chaque division, conduite par son chef, se dirige par la diagonale vers l'emplacement qu'elle doit occuper dans la colonne et se redresse afin d'y entrer parallèlement à celle qui la précède. Les serre-files serrent à 1 pas.		
Lorsque les chefs de division arrivent à hauteur de la gauche de la colonne, ils s'arrêtent, laissent filer leur division et commandent..............	....	1. telle *Divis.* 2. HALTE.
Le guide de gauche se place promptement sur la direction et à 6 pas de celui qui le précède......	....	3. FRONT. 4. *A gauche* = ALIGNEMENT. 5. FIXE.

L'adjudant-major se place successivement en arrière de chaque guide pour l'assurer sur la direction.

EXPLICATIONS.	COMMANDEMENTS	
	du chef de bataillon.	des chefs de peloton et de division.

Pour ployer le bataillon en avant sur la 1.re division, le chef de bataillon substitue l'indication de la *gauche en téte* à celle de la *droite en téte*.

Les 3 files de droite des 3 dernières divisions déboitent en avant au lieu de déboiter en arrière.

Les chefs de division les conduisent jusqu'à ce qu'ils arrivent à hauteur du guide de droite de la 1.re divis.

Les guides de droite font face en arrière au fur et à mesure qu'ils arrivent, et sont assurés sur la direction par l'adjudant - major, qui, à cet effet, se porte en arrière de celui de la 1.re division.

Le mouvement étant achevé, le chef de bataillon commande . . . . | *Guides, demi-tour* = À DROITE. |

La formation en avant ou en arrière de la 4.e division s'exécute par les mêmes commandements et par les moyens inverses.

Les deux exemples ci-dessus embrassent tous les cas ; ainsi, lorsqu'on veut ployer le bataillon sur une divis.^{on} de l'intérieur, sur la 3.e, par exemple, et la droite en

EXPLICATIONS.	COMMANDEMENTS	
	du chef de bataillon.	des chefs de peloton et de division.
tête, le chef de bataillon commande............	1. *Colonne serrée par division.* 2. *Sur la 3.ᵉ division, la droite en tête, en colonne.* 3. *Bataillon* == À GAUCHE et à DROITE. 3. *Pas accéléré* == MARCHE.	
Tous les chefs de division se portent au centre de leur division et les préviennent de ce qu'elles ont à faire.		

Les deux premières divisions déboîtent en avant et la 4.ᵉ en arrière, et toutes se conforment, selon leur position, aux principes expliqués, pages 71, 72 et 73.

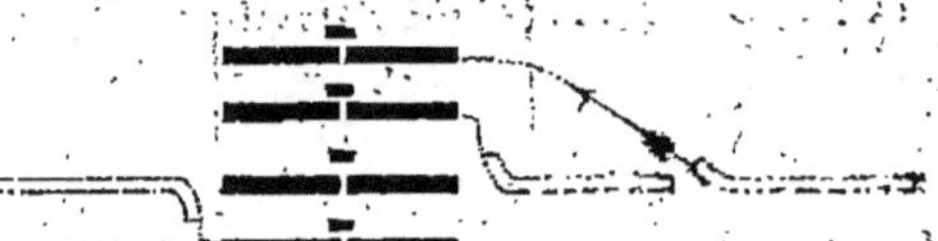

Dans ces mouvements l'adjudant-major assure la position des guides des divisions qui se trouvent en avant de celle de direction, et l'adjudant, la position de ceux qui se trouvent en arrière.

Le chef de bataillon fait faire demi-tour aux guides, qui font face en arrière, à son commandement.

EXPLICATIONS.	COMMANDEMENTS	
	du chef de bataillon.	des chefs de peloton et de division.

2.° Exécuter la contre-marche.

Ce mouvement a été expliqué aux pages 22 et 23.

3.° Changer de direction à droite ou à gauche par le flanc de la colonne.

La colonne étant serrée en masse et de pied ferme, le chef de bataillon indique à l'adjudant-major la nouvelle direction, celui-ci place deux jalonneurs *A* et *B*, qui se font face, à un peu moins que distance de division ou de peloton, selon le cas, après quoi le chef de bataillon commande....

1. *Changem. de direction par le flanc droit.*

2. *Bataillon* ══ A DROITE.

Les chefs de division se portent à côté de leur guide de droite......

3. *Pas accéléré* ══ MARCHE.

La 1.te division converse à droite, de manière à se diriger parallèlement et à 2 pas en arrière des deux jalonneurs; le chef de cette division s'arrête de sa per-

EXPLICATIONS.	COMMANDEMENTS du chef de bataillon.	des chefs de peloton et de division.
sonne à l'endroit où doit être placé son guide de gauche, laisse filer sa division, et lorsque la dernière file arrive à sa hauteur, il commande....		1. 1.re *Divis*. 2. HALTE. 3. FRONT.
Le guide de gauche est établi par l'adjudant-major placé en avant de lui......		4. *A gauche* ALIGNEMENT. 5. FIXE.
Les autres divisions se conforment au mouvement de la 1.re en conservant toujours la distance de 6 pas, d'un guide à l'autre, qui doit les séparer, et lorsqu'elles entrent dans la nouvelle direction, les chefs de ces subdivisions exécutent tout ce qui a été dit pour celui de la 1.re		

Les divisions sont alignées à gauche dès que chaque guide est placé correctement à 6 pas de celui qui le précède.

Ce mouvement s'exécuterait par le flanc gauche d'après les mêmes principes et par les commandements inverses.

EXPLICATIONS.	COMMANDEMENTS du chef de bataillon.	COMMANDEMENTS des chefs de peloton et de division.

4.° Déployer la colonne.

La colonne serrée par division, la droite en tête, devant être déployée face en avant sur la 1.re division, le chef de bataillon indique à l'avance la direction de la ligne de bataille à l'adjudant-major, celui-ci établit aussitôt 2 jalonneurs, *A* et *B*, sur cette ligne et face à droite. Le guide général de gauche se porte en même temps au delà du point où doit arriver la gauche du bataillon et se place correctement sur le prolongement des 2 jalonneurs, l'arme entre les deux yeux. Le chef de bat.on comm. ensuite.

	1. *Sur la 1.re division déployez la colonne.*	
Cette division est avertie de ne pas bouger, et les trois autres, qu'elles vont faire à gauche.........	2. *Bataillon* = A GAUCHE.	
Les chefs de division et de peloton prennent les places qui leur sont assignées dans la marche de flanc.		
L'adjudant-major place un 3.e jalonneur *C*, également face à droite, vis-à-vis et contre l'une des 3 dernières files du 1.er peloton, et se porte ensuite à distance de division en arrière du jalonneur *B*.		

EXPLICATIONS.	COMMANDEMENTS	
	du chef de bataillon.	des chefs de peloton et de division.
	3. *Pas accéléré* = MARCHE.	
Le chef de la 1.re division l'aligne à droite contre les 3 jalonneurs *ACB*, les deux chefs de peloton font le commandement de FIXE.		
Les 3 divisions qui ont fait à gauche, marchent parallèlement à la ligne de bataille, en conservant 6 pas de distance entre elles. Le chef de la 2.e s'arrête de sa personne à hauteur du guide de gauche de la 1.re, et lorsque la dernière file de la division arrive à sa hauteur, il commande..........		1. *2.e Divis.* 2. HALTE.
Les deux guides de gauche sortent pour jalonner face à droite. Le chef de la division se place à côté du dernier homme de celle qui précède, et commande...............		3. FRONT. 4. *A droite* = ALIGNEMENT. 5. FIXE.
Les 3.e et 4.e divisions continuent à marcher; le chef de la 3.e s'arrête de sa personne, lorsqu'il en -		

EXPLICATIONS.	COMMANDEMENTS du chef de bataillon.	des chefs de peloton et de division.
tend le commandement de HALTE, fait à la 2.ᵉ, et lorsque son guide de droite arrive à sa hauteur, il commande..................		1. 3.ᵉ *Divis.*
et se porte devant le centre, après quoi il ajoute...................		2. HALTE.
		3. FRONT.
		4. 3.ᵉ *Divis. en avant.*
		5. *Guide à droite.*
		6. MARCHE.
Lorsque la division arrive à 3 pas de la ligne de bataille, il ajoute encore............		7. 3.ᵉ *Divis.*
		8. HALTE.
Les deux guides de gauche jalonnent face à droite, et le chef de division, après s'être porté à la gauche du dernier homme de la 2.ᵉ, commande............		9. *A droite* = ALIGNEMENT.
		10. FIXE.
La 4.ᵉ division fait absolument tout ce qu'a fait la 3.ᵉ		
La formation achevée, le chef de bataillon commande...................	*Guides* = A VOS PLACES.	

L'adjudant-major assure la position des guides au fur et à mesure.

L'adjudant suit le mouvement de la 4.ᵉ division.

Pour déployer sur la 4.ᵉ division, l'on prend toutes les dispositions indiquées à la page 77, avec cette différence que tous les jalonneurs font face à gauche et que c'est le guide général de droite qui se porte sur la ligne.

Dans le commandement, le chef de bataillon substitue l'indication de 4.ᵉ à 1.ʳᵉ *division*.

Dès que la 4.ᵉ division est démasquée par les trois premières, qui ont fait *à droite*, son chef la fait porter en avant, avec le guide à gauche, l'arrête à 3 pas des jalonneurs et l'aligne à gauche contre eux.

Les autres divisions exécutent tout ce qui a été expliqué page 79.

Les chefs de division reprennent leurs places de bataille, à la droite, au commandement de *guides à vos places*.

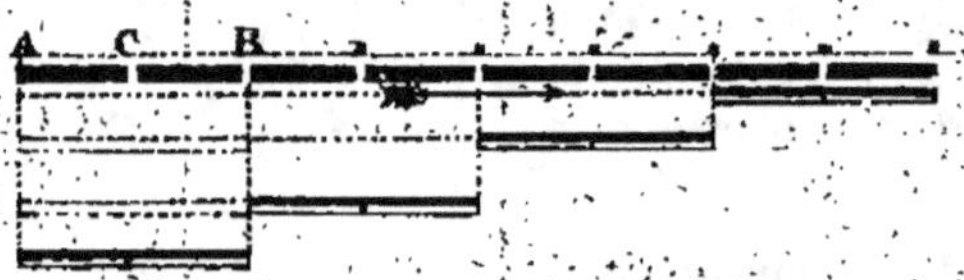

Si, au lieu de déployer la colonne sur la division de la tête ou sur celle de la queue, l'on voulait la déployer sur une division de l'intérieur, sur la 2.ᵉ, par exemple, l'on ferait, en avant de la 1.ʳᵉ, les dispositions indiquées page 77, avec cette différence que les jalonneurs *A* et *B* se feraient face et que les deux guides généraux se porteraient sur la ligne, celui de droite

EXPLICATIONS.	COMMANDEMENTS	
	du chef de bataillon.	des chefs de peloton et de division.

vers la droite et celui de gauche vers la gauche. Le chef de bat.^{on} commanderait.

	1. *Sur la 2.ᵉ division déployez la colonne.*
	2. *Bataillon* = A DROITE *et* A GAUCHE.
	3. *Pas accéléré* = MARCHE.

La 2.ᵉ division ne se porterait, avec le guide à gauche, contre les jalonneurs, qu'après avoir été démasquée, et serait alignée à gauche, son chef reculerait au 2.ᵉ rang, afin que celui de la 3.ᵉ division puisse l'aligner à droite, et reprendrait sa place de bataille à la droite au commandement de *Guide* = A VOS PLACES, ainsi que celui de la 1.ʳᵉ division.

Du reste la 1.ʳᵉ division exécuterait ce qui a été expliqué, page 80, pour les 3 premières, et les 3.ᵉ et 4.ᵉ, ce qui l'a été, page 79, pour les mêmes divisions, ce déploiement sur le centre embrassant nécessairement les principes de ceux sur les ailes.

L'adjudant-major assure la position des guides de droite, et l'adjudant celle des guides de gauche.

Tous ces déploiements s'exécutent, la gauche en tête, d'après les mêmes principes et par les moyens inverses.

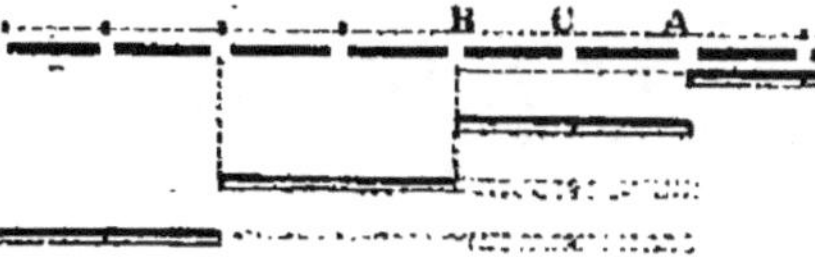

B   6

Dans les déploiements par inversion, le chef de bataillon doit l'indiquer dans son 1.er commandement en disant : *Par inversion sur telle division déployez la colonne* ; ces formations ont lieu d'après les mêmes principes que celles dans l'ordre naturel.

Les chefs des subdivisions qui ne se trouvent pas naturellement à la droite, s'y portent au commandement de *Guides* = A VOS PLACES.

Si, étant en bataille par inversion, l'on veut ployer le bataillon en colonne et que la 1.re division doive être en tête, il faut énoncer dans le commandement qu'elle aura la gauche en tête ; et la droite en tête, si, au contraire, c'est la 4.e division qui doit être en tête.

5.° Ployer le bataillon en colonne par division, à distance de peloton.

Ce mouvement est le même que le ploiement en colonne serrée, pages 71, 72, 73 et 74, avec la seule différence de la substitution dans les commandements de *Colonne à distance de peloton* à *Colonne serrée*.

EXPLICATIONS.	COMMANDEMENTS	
	du chef de bataillon.	des chefs de peloton et de division.

6.° Ployer le bataillon en colonne par peloton et la former sur la droite ou sur la gauche en bataille.

Pour ployer la colonne, l'on se conforme à tout ce qui est expliqué, pages 71, 72, 73 et 74; il n'y a d'autre différence que la substitution, dans les commandements du mot *Peloton* à celui *Divison*.

La formation sur la droite ou sur la gauche en bataille a déjà été expliquée, pages 34 et 35, pour une colonne à distance entière, la seule observation qu'il y ait à faire, lorsque la colonne est serrée en masse, c'est que le guide de chaque peloton, en tournant pour se porter vers la ligne de bataille, continue toujours à marcher le pas de deux pieds.

7.° Ployer le bataillon en colonne double.

À distance du peloton, le chef de bataillon commande................		
	1. *Colonne double à distance de peloton.*	
Les chefs de peloton se portent devant le front et les préviennent de ce qu'ils ont à faire. Les remplacements passent au 1.er rang........		
	2. *Bataillon* = A GAUCHE et A DROITE.	
Les 4.e et 5.e pelotons ne bougent pas, les 3 premiers font à gauche et les 3 derniers à droite		

EXPLICATIONS.	COMMANDEMENTS	
	du chef de bataillon.	des chefs de peloton et de division.
Les uns et les autres déboîtent en arrière. Les guides de gauche et de droite, ainsi que les chefs de peloton, se placent p^r les conduire	3. *Pas accéléré* = MARCHE.	
Les 4.e et 5.e pelotons forment la 1.re division; le plus ancien chef de peloton se porte à 2 pas en avant du centre et com-commande	. . . .	*Guide à droite.*
L'autre chef de peloton se place dans le créneau au centre.		
Les 3.e et 6.e pelotons marchent à la rencontre l'un de l'autre, à la distance voulue, et lorsqu'ils se joignent, chaque chef de peloton commande . .	. . . .	1. tel *Peloton*. 2. HALTE. 3. FRONT.
Le guide de gauche du 3.e peloton rentre en serre-file, le remplacement du 6.e passe au 3.e rang. Le moins ancien des deux chefs de peloton se place dans le créneau du centre, l'autre se porte à la droite et commande	. . . .	1. *A droite* = ALIGNEMENT. 2. FIXE.
et se porte devant le centre.		

Il en est de même du 2.e peloton avec le 7.e, et du 1.er avec le 8.^e

L'adjudant-major assure successivement la position des guides en se portant en arrière.

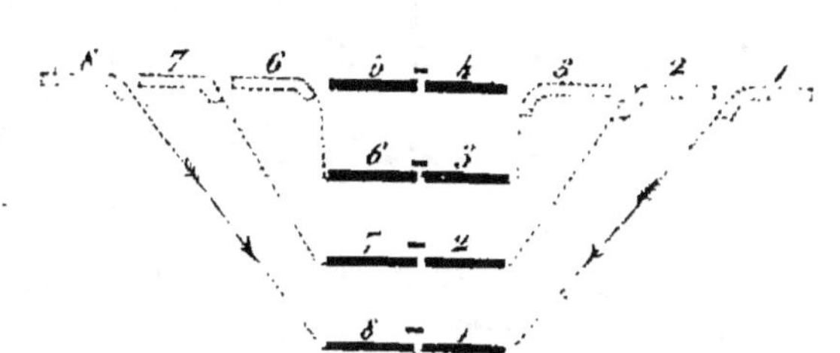

L'on forme la colonne double serrée en masse d'après les mêmes principes et par les mêmes commandements, en substituant, dans le 1.ᵉʳ, l'indication de *serrée en masse* à celle *à distance de peloton*.

8.° Marcher en colonne double et changer de direction.

La colonne double marche et change de direction comme une colonne simple, pages 18, 61 et 75.

La colonne double doit avoir habituellement le guide à droite, mais elle peut le prendre à gauche ou au centre, selon la nécessité.

EXPLICATIONS.	COMMANDEMENTS	
	du chef de bataillon.	des chefs de peloton et de division.

9.° Arrêter la colonne double et la déployer face en avant.

On arrête la colonne double comme les colonnes simples, page 20.

Pour déployer la colonne l'on prend toutes les dispositions indiquées dans le 1.ᵉʳ alinéa de la page 77, avec la seule différence que les deux guides généraux se portent aux deux extrémités de la ligne de bataille, celui de droite à droite et celui de gauche à gauche.

Le chef de bataillon commande . . . .

1. *Déployez la colonne.*
2. *Bataillon*
 ⚊ A DROITE et A GAUCHE.
3. *Pas accéléré*
 ⚊ MARCHE.

La colonne déploie par le principe des déploiements des colonnes serrées, pages 77 et suivantes.

Au commandement de MARCHE, les chefs des 4.ᵉ et 5.ᵉ pelotons se portent à la droite de leur peloton et l'alignent respectivement à droite.

Après la formation l'on fait rentrer les guides

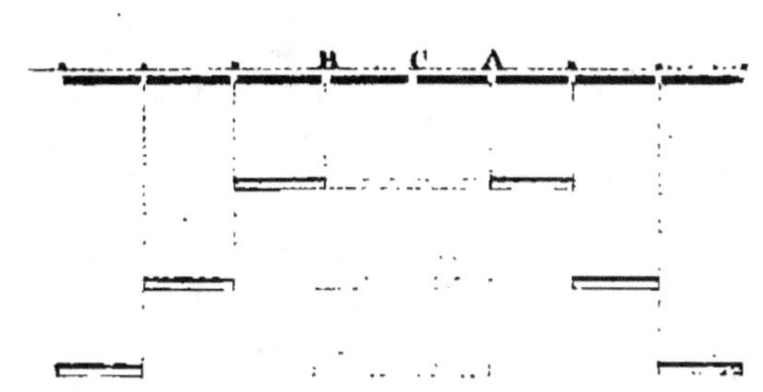

Si le chef de bataillon voulait faire exécuter le feu de deux rangs, il en préviendrait d'abord les chefs des 4.e et 5.e pelotons, lesquels se porteraient aussitôt à 4 pas en arrière des serre-files et commanderaient le feu dès qu'ils auraient entendu le commandement de Fixe fait au peloton qui s'établit immédiatement à leur droite ou à leur gauche.

Au commandement de *feu de deux rangs* fait au 4.e peloton, le jalonneur *A* recule vis-à-vis la gauche du 3.e peloton, celui *C* rentre en serre-file.

Au même commandement, fait au 5.e peloton, le jalonneur *B* recule vis-à-vis la droite du 6.e peloton.

Dès que les chefs des 3.e et 6.e pelotons ont entendu le commandement de Fixe des 2.e et 7e, ils font exécuter le même feu, l'un des guides rentre en serre-file et l'autre recule vis-à-vis le peloton voisin, et ainsi de suite pour les autres pelotons.

EXPLICATIONS.	COMMANDEMENTS	
	du chef de bataillon.	des chefs de peloton et de division.

10.° La former quelquefois en bataille face à droite ou face à gauche.

EXPLICATIONS.	du chef de bataillon.	des chefs de peloton et de division.
Pour exécuter ce mouvement, il faut que la colonne soit à distance de peloton : si elle était serrée en masse, il faudrait lui faire changer de direction par le flanc de la colonne et ensuite la faire déployer. La colonne étant à distance de peloton et le chef de bataillon voulant la déployer face à droite, il commandera..........		1. *A droite en bataille, pelotons de gauche sur la droite en bataille.*
Les 4 premiers pelotons se forment à droite en bataille, par les moyens expliqués page 26, et les 4 derniers, sur la droite en bataille, par ceux expliqués pages 34 et 35.		2. *Bataillon, Guide à droite.* 3. *Pas accéléré* = MARCHE.
Pour faire face à gauche, les 4 derniers se forment à gauche en bataille, et les 4 premiers sur la gauche en bataille, d'après les mêmes principes, l'on commande..		1. *A gauche en bataille, pelotons de droite sur la gauche en bataille.* 2. *Bataillon, Guide à gauc.* 2. *Pas accéléré* = MARCHE.

EXPLICATIONS.	COMMANDEMENTS	
	du chef de bataillon.	des chefs de peloton et de division.

6.e LEÇON.

1.° Marcher en bataille en avant et en retraite, passage d'obstacles.

EXPLICATIONS.	du chef de bataillon.	des chefs de peloton et de division.
Si le bataillon n'était pas correctement aligné, le chef de bataillon commanderait.............. et lorsqu'ils sont placés face à droite sur la direction qu'il veut donner au bataillon, il ajoute.....		1. *Drapeau et guides généraux sur la ligne.* 2. *Guides sur la ligne.*
Les chefs des 3 premiers pelotons se portent à la gauche, celui du 4.e recule an 2.e rang. Les remplacements, dans le demi-bataillon de droite, sortent pour jalonner face à gauche, et les guides de gauche, dans le demi-bataillon de gauche, sortent pour jalonner face à droite; les uns et les autres cherchent à couvrir le drapeau et le guide général qu'ils ont devant eux, sans s'occuper des autres guides.		

EXPLICATIONS.	COMMANDEMENTS	
	du chef de bataillon.	des chefs de peloton et de division.
Lorsqu'ils sont établis.	3. *Portez* = vos armes.	
L'adjudant-major se porte en arrière du drapeau et aligne le 4.e peloton.	4. *Sur le centre* = alignement.	
Le demi-bataillon de droite s'aligne à gauche et celui de gauche à droite................	5. *Drapeau et guides* = a vos places.	

Tous les guides reprennent leurs places de bataille, ainsi que les chefs des 3 premiers pelotons.

Le bataillon étant correctement aligné et supposé de direction dans une ligne composée de plusieurs bataillons, son chef en avertit l'adjudant-major et se porte de sa personne à 40 pas en arrière de la file du porte-drapeau, en *A*; l'adjudant-major se porte à pareille distance en avant, en *B*, et est établi sur la perpendiculaire par le chef de bataillon.

EXPLICATIONS.	COMMANDEMENTS	
	du chef de bataillon.	des chefs de peloton et de division.

Le porte-drapeau prend aussitôt deux points à terre et un 3.e très-éloigné dans la campagne pour assurer sa direction.

Le chef de bataillon se porte ensuite à 60 pas en arrière, en *E*, sur le prolongement du drapeau et de l'adjudant-major, pour y établir les deux jalonneurs *C* et *D*, lesquels font face en arrière et sont placés, le 1.er, à 25 pas du 3.e rang du bataillon ; le 2.e, à 25 pas en avant du 1.er. Le chef de bataillon commande ensuite.................. 1. *Bataillon en avant.*

Le 1.er rang de la garde du drapeau et les 2 guides généraux se portent à 6 pas en avant, et le second rang de la garde du drapeau avance au 1.er

Les chefs de peloton du demi-bataillon de gauche se portent à la gauche, le remplacement du 5.e passe au 1.er rang, et le sous-officier qui ferme la gauche du bataillon recule au 2.e rang.

L'adjudant-major se place à 12 ou 15 pas sur la droite du 4.e peloton. L'adjudant se place à 6 ou 8 pas sur l'un ou l'autre

EXPLICATIONS.	COMMANDEMENTS	
	du chef de bataillon.	des chefs de peloton et de division.
flanc du porte-drapeau..	2. *Pas accéléré* = MARCHE.	

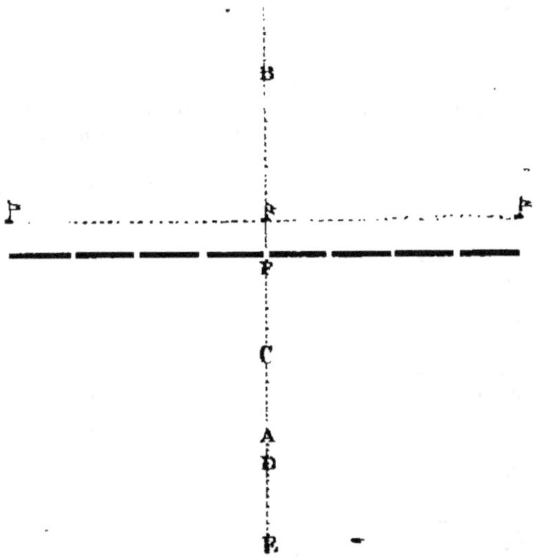

Dés que le bataillon a fait quelques pas, un 3.e jalonneur *F* se place en arrière de *C*, à 25 pas. *D* quitte sa place et se porte à 25 pas en arrière de *F* et ainsi de suite alternativement : un officier est chargé de surveiller leur placement en se tenant toujours en avant du plus éloigné du bataillon.

Pendant la marche l'adjudant se porte quelquefois à 25 ou 30 pas en avant du porte-drapeau, face aux

EXPLICATIONS.	COMMANDEMENTS du chef de bataillon.	des chefs de peloton et de division.
jalonneurs et sur leur prolongement, pour s'assurer si le drapeau marche bien sur la perpendiculaire. Pour faire marcher en retraite, le chef de bataillon commande	1. *Face en ar-rière.* 2. *Bataillon demi - tour* = A DROITE.	
Si le rang du porte-drapeau et les guides gé-néraux se trouvent en avant, ils reprennent leurs places de bataille. Le drapeau passe au 3.e rang devenu 1.er Le chef de bataillon et l'adjudant-major exé-cutent ce qui est prescrit pages 90 et 91. Si c'est un bataillon de direction, le chef de ba-taillon fait placer des ja-lonneurs qui font face au bataillon. Le 1.er, *C*, à 25 pas en arrière de l'ad-judant-major *B*; le 2.e, *D*, à 25 pas en arrière du 1.er, et ainsi de suite al-ternativement. Si les ja-lonneurs se trouvent déjà derrière le 3.e rang, ils font seulement demi-tour avec le bataillon	3. *Bataillon en avant.*	
Le porte-drapeau et les		

EXPLICATIONS.	COMMANDEMENTS du chef de bataillon.	des chefs de peloton et de division.

deux guides généraux se portent à 8 pas en avant du 3.e rang. Le second rang de la garde du drapeau se porte au 3.e rang devenu premier.

Les remplacements avancent sur l'alignement des serre-files et les chefs de peloton avancent au 3.e rang devenu premier.

L'adjudant-major se place en avant des serre-files, sur la droite du 4.e peloton.

Tout le reste s'exécute comme dans la marche en avant.

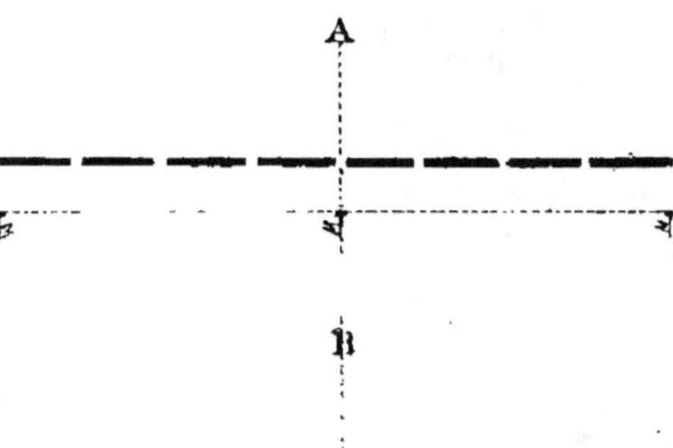

EXPLICATIONS.	COMMANDEMENTS du chef de bataillon.	des chefs de peloton et de division.
Pour remettre le bataillon face en tête, le chef de bataillon commande....	1. *Face en tête*	
Tout le monde reprend sa place de bataille.	2. *Bataillon, demi - tour* ☰ A DROITE.	

Passage d'obstacles.

Ces mouvements consistent à faire ployer les pelotons masqués, en colonne à distance entière, en arrière du peloton le plus voisin du côté du drapeau.		
Si, par exemple, un obstacle se trouve devant le 3.e peloton, le chef de bataillon commande....	3.e *Peloton, obstacle,*	
Le chef de peloton se porte au centre et ajoute, et se porte aussitôt à la gauche de son peloton, s'arrête à hauteur du chef du 4.e peloton, voit filer le sien, et lorsque le guide de droite arrive près de lui, il ajoute encore....	. . . .	1. 3.e *Peloton, par le flanc gauche en arrière en colonne.* 2. MARCHE.
et se porte devant le centre de son peloton	. . . .	3. 3.e *Peloton.* 4. *Par le flanc droit.* 5. MARCHE. 6. *Guide à droite*

Dès que le peloton a sa

EXPLICATIONS.	COMMANDEMENTS du chef de bataillon.	des chefs de peloton et de division.
distance, son chef commande	. . . .	7. *Au pas.*
Le guide de droite marche dans les traces du chef du 4.ᵉ peloton.		
Le guide de gauche du 2.ᵉ se place aussitôt qu'il peut passer, à la gauche de son peloton, afin de maintenir entre lui et la droite du 4.ᵉ distance de peloton.		

⚑   ⚑   ⚑

EXPLICATIONS.	du chef de bataillon.	des chefs de peloton et de division.
Dès que l'obstacle est dépassé, le chef de bataillon commande	3.ᵉ *Peloton en avant en ligne.*	
Le chef de peloton ajoute	. . . .	1. *Par peloton demi-à-droite.*
Le peloton converse et accélère le pas, et lorsqu'il a assez tourné	. . . .	2. *Marche.*
		3. *En avant.*
		4. *Marche.*
Et lorsque le peloton arrive sur la ligne des autres pelotons	. . . .	5. *Guides à droite.*
		6. *Au pas.*

EXPLICATIONS.	COMMANDEMENTS du chef de bataillon.	COMMANDEMENTS des chefs de peloton et de division.
Si l'obstacle se trouve devant les 3 pelotons de droite, le chef de bataillon commande................	1. *3 Pelotons de droite, obstacle.* 2. *Par le flanc gauche en arrière en colonne.* 3. MARCHE.	
Chacun des pelotons désignés exécute ce qui a été expliqué ci-contre pour le 3.e, et tous trois marchent en colonne, à distance entière, avec le guide à droite derrière le 4.e peloton.		

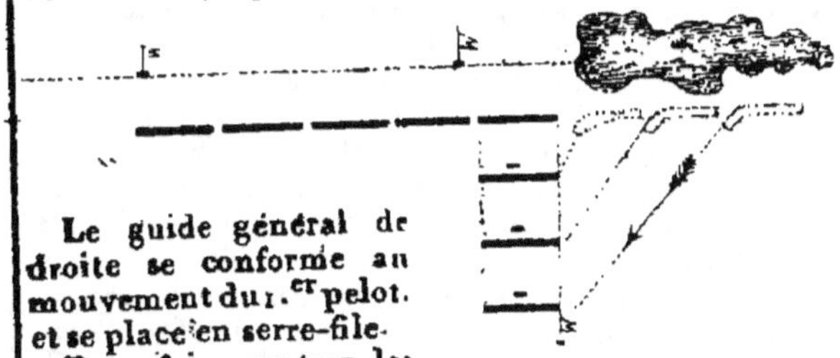

Le guide général de droite se conforme au mouvement du 1.er pelot. et se place en serre-file.		
Pour faire rentrer les 3 pelotons en ligne, le chef de bat. commande..	1. *3 Pelotons de droite en av. en ligne.*	
Chaque chef de peloton ajoute..	.... 2. MARCHE.	1. *Par peloton demi-à-droite.* 2. MARCHE.

EXPLICATIONS.	COMMANDEMENTS	
	du chef de bataillon.	des chefs de peloton et de division.

Et lorsque chaque chef de peloton juge que son peloton a assez conversé, il ajoute.... | 3. *En avant.*
4. MARCHE.
5. *Guide à gauche.*

Le reste s'exécute, pour chaque peloton, ainsi qu'il a été expliqué pour le 3.e, page 96.

Si les obstacles se trouvaient en avant du demi-bataillon de gauche, le mouvement s'exécuterait d'après les mêmes principes et par les commandements inverses.

Lorsque le peloton de la garde du drapeau rencontre un obstacle, il se porte en arrière du 1.er peloton qui se trouve à sa gauche, si l'on marche par le 1.er rang; et à sa droite, si l'on marche par le 3.e, l'adjudant marche à 6 pas en avant de la droite ou de la gauche de ce peloton, le drapeau et le 1.er rang de sa garde rentrent au moment où le peloton fait à gauche ou à droite.

Lorsque le bataillon est arrêté, pour marcher en retraite, ayant un ou plusieurs pelotons en obstacle, les pelotons font demi-tour en même temps que le bataillon et marchent en colonne en avant, par le 3.e rang.

Si, en marchant en retraite, on veut les faire rentrer en ligne, ils obliquent du côté de leur intervalle au commandement de leur chef, et lorsqu'ils se trouvent vis-à-vis, ils marquent le pas pour attendre le bataillon et pour rentrer en ligne. Si le peloton du drapeau rentre en ligne, le drapeau et le 1.er rang de sa garde reprennent alors leur place en avant et l'adjudant se porte à 25 ou 30 pas en avant pour la direction.

Si plusieurs pelotons du centre rencontrent un obstacle, chacun d'eux se place en colonne derrière le demi-bataillon auquel il appartient.

EXPLICATIONS.	COMMANDEMENTS	
	du chef de bataillon.	des chefs de peloton et de division.

2.° Changer de direction en bataille en avant et en retraite.

Pour changer de direction à droite, le bataillon marchant en avant.....

1. *Changem. de direction à droite.*

La droite ne fait que pivoter, le centre marche le pas d'un pied, et la gauche le pas de deux pieds.

2. MARCHE.

L'adjudant se place en avant et face au porte-drapeau, et veille à ce que le cercle qu'il décrit, ne soit ni trop grand ni trop petit.

Le guide général de gauche se tient constamment aligné avec le drapeau et le guide général de droite.

Pour faire reprendre la marche directe, le chef de bataillon commande.

3. *En avant.*
4. MARCHE.

L'adjudant se porte à 3o ou 4o pas en avant du drapeau, fait face au chef de bataillon, qui l'établit par des signes sur la perpendiculaire. Le porte-drapeau prend aussitôt sa direction.

Les changements de direction à gauche, ou lorsque le bataillon marche par le 3.ᵉ rang, s'exécutent d'après les mêmes principes.

EXPLICATIONS.	COMMANDEMENTS	
	du chef de bataillon.	des chefs de peloton et de division.

3.° Marcher obliquement en bataille.

	1. *Oblique à droite.*
L'adjudant se porte en avant du porte-drapeau, lui fait face et veille à ce qu'il soit toujours sur la direction du caporal placé au centre du second rang de sa garde, et à ce que l'un et l'autre obliquent d'un mouvement égal.	2. MARCHE.
Pour faire reprendre la marche................	3. *En avant.*
	4. MARCHE.

L'adjudant se porte à 3o pas en avant du porte-drapeau et se place comme il a été expliqué dans l'avant-dernier alinéa de la page 99.

4.° Faire battre la berloque et rallier le bataillon en bataille et en colonne.

A la batterie de la berloque, le bataillon s'éparpille.

Le chef de bataillon, voulant le rallier en bataille, fait battre *au drapeau* et place le porte-drapeau et deux jalonneurs à distance de peloton sur la direction qu'il veut donner au bataillon.

A la batterie du drapeau tous les pelotons se rassemblent à 6 pas en arrière de la place qu'ils doivent occuper en bataille, et celui du drapeau s'établit, à cet effet, promptement contre les deux jalonneurs; les autres se portent successivement sur la ligne, comme dans les déploiements.

Si le chef de bataillon veut le rallier en colonne, il fait battre l'*assemblée*, et place deux jalonneurs sur l'emplacement que doit occuper le 1.ᵉʳ peloton.

A cette batterie, le chef du 1.ᵉʳ peloton le rassemble et l'aligne contre ces deux jalonneurs.

Les autres pelotons sont rassemblés à distance de section à la place qu'ils doivent occuper dans la colonne, et alignés à gauche.

EXPLICATIONS.	COMMANDEMENTS	
	du chef de bataillon.	des chefs de peloton et de division.

Déploiement d'un bataillon en tirailleurs.

Le chef de bataillon voulant déployer ses 5 pelotons de gauche en tirailleurs, sur la droite du 6.e et conserver les 3 premiers en réserve, en prévient l'adjudant-major, l'adjudant et le commandant du peloton de réserve; il indique en même temps, à l'adjudant-major, la direction qu'il veut donner à la ligne, ainsi que le point où doit appuyer la droite du 6.e peloton, et au commandant de la réserve, le terrain sur lequel il devra l'établir.

L'adjudant-major se porte aussitôt en *A*, à 8 ou 10 pas en avant de la droite du 6.e peloton, et l'adjudant en *B*, à pareille distance en avant de la gauche, ensuite le chef de bataillon commande..............

	du chef de bataillon	des chefs de peloton et de division
L'adjudant-major se porte ... le chef de bataillon commande..............	1. *Pour déployer en tirailleurs.* 2. *Par peloton à 100 pas sur la droite du 6.e; prenez vos intervalles.*	
Les chefs des 5.e et 6.e pelotons commandent..		1. tel *Poloton en avant.* 2. *Guide à droite.* 3. *Pas accéléré* = MARCHE
et les arrêtent lorsqu'ils ont marché 8 ou 10 pas en avant, ensuite ils com-		

EXPLICATIONS.	COMMANDEMENTS	
	du chef de bataillon.	des chefs de peloton et de division.
mandent............	....	1. *Pour déployer en tirailleurs.*
Celui du 5.e peloton..	....	2. *Sur la file de gauche à 10 pas prenez vos intervalles.*
Celui du 6.e peloton..	....	3. *Sur la file de droite à 10 pas prenez vos intervalles.*
Le chef du 4.e peloton.	....	1. *Peloton par le flanc droit.*
		2. A DROITE.
Ceux des 7.e et 8.e....	....	1. *Peloton par le flanc gauche.*
		2. A GAUCHE.
Ces dispositions étant faites, le chef de bataillon commande........	3. *Pas accéléré* == MARCHE.	

Le guide de droite du 6.e peloton se dirige sur le point
C que lui indique l'adjudant-major, et celui de gauche
du 5.e sur le point *D*, représenté par l'adjudant, à 5 pas
sur la droite de *C* ; les deux pelotons se déploient.

Le 4.e peloton marche 100 pas droit devant lui, par
le flanc, est arrêté, mis de front, et porté à 8 ou 10 pas
en avant pour déployer sur sa dernière file, son guide
de gauche se dirige sur le point *E*.

Les 7.e et 8.e pelotons marchent également par le
flanc ; le 7.e est arrêté lorsqu'il a fait 100 pas, mis de

front, porté 8 ou 10 pas en avant, et déployé sur la 1.re file ; son guide de droite se dirige sur le point *F*.

Le 8.e peloton continue à marcher jusqu'à ce qu'il soit séparé du 7.e par 100 pas, et exécute ensuite la même chose que ce dernier ; son guide de droite se dirige sur le point *G*.

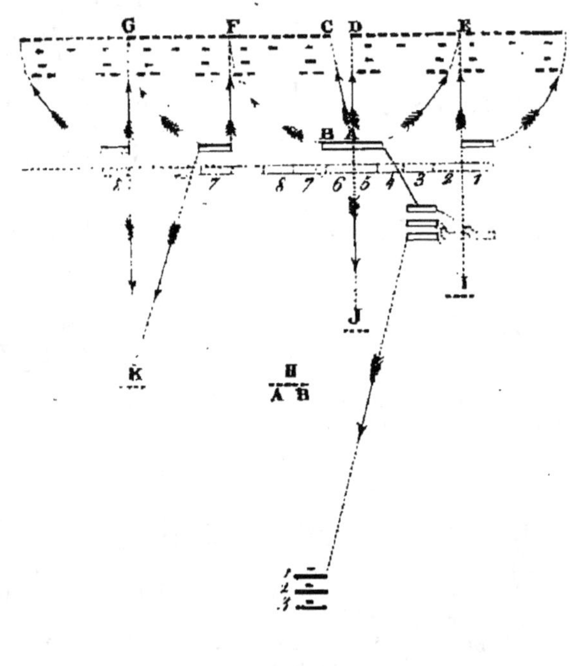

Le 1.er sergent à 10 pas en arrière de la droite de son peloton; le 2.e, à pareille distance en arrière de la ganche; et le 3.e, à pareille distance en arrière du centre. Le lieutenant à 30 pas en arrière du centre de la 2.e section. Le sous-lieutenant à pareille distance en arrière de la 1.re avec chacun 2 hommes.

L'adjudant-major et l'adjudant suivent le déploiement, après quoi ils se placent derrière le chef de bataillon *H*, placé à 200 pas en arrière.

Les réserves des pelotons sont formées avec le 3.e rang; celles des 4.e et 5.e réunies, à 120 pas en arrière du centre de ces deux pelotons, en *I*; celle du 6.e, à 150 pas en arrière de ce peloton, en *J*; celles des 7.e et 8.e à 180 pas en arrière du centre de ces deux pelotons, en *K*.

Le commandant des pelotons de réserve, après avoir reçu l'ordre du chef de bataillon, leur fait faire demi-tour, les porte à 30 pas en arrière, les ploie en colonne à demi-distance et porte ensuite cette colonne en arrière du centre de la ligne, au point ou à la distance qui lui aura été indiquée.

Si, au lieu de déployer en avant, l'on déployait par le flanc, les pelotons ne s'en porteraient pas moins 8 à 10 pas en avant, comme dans l'exemple précédent, pour déployer ensuite sur leur première ou dernière file: selon leur position.

Si le bataillon était en colonne, on le déploierait en tirailleurs par les mêmes commandements et d'après les mêmes principes.

Dans ce cas, si le déploiement devait se faire en avant, le peloton de direction, sitôt démasqué, se porterait à 8 ou 10 pas en avant de la tête de la colonne, les autres se porteraient successivement sur la même ligne et déploieraient aussitôt qu'ils seraient arrivés sur cette ligne.

S'il se faisait par le flanc, les dispositions seraient les mêmes, seulement les pelotons attendraient pour se déployer que le peloton voisin, du côté de la direction, ait achevé ce mouvement.

EXPLICATIONS.	COMMANDEMENTS	
	du chef de bataillon.	des chefs de peloton et de division.

Ralliement d'un bataillon déployé en tirailleurs.

Le chef de bataillon dispose le plus promptement possible ses réserves de manière qu'elles forment la 1.re face d'un carré, et commande ensuite...... | *Ralliem. sur la réserve.*

Les tirailleurs prennent aussitôt le pas de course et viennent former successivement les autres faces du carré commencé par leur réserve respective; les premiers arrivés forment les faces latérales; les derniers forment la 4.e Tous se placent sur deux rangs, sans distinction de taille et font face en dehors.

Ces carrés marchent vers la réserve du bataillon dès qu'ils le peuvent, en se formant en colonne.

Si la réserve du bataillon est menacée par la cavalerie, elle forme elle-même le carré.

TABLE.

FIN.

AIDE-MÉMOIRE

POUR

L'INFANTERIE.

—

ÉVOLUTIONS DE LIGNE.

Tous les exemplaires sont signés par l'auteur.

AIDE-MÉMOIRE

DES

OFFICIERS GÉNÉRAUX ET SUPÉRIEURS ET DES CAPITAINES

D'INFANTERIE,

OU

TABLEAUX SYNOPTIQUES,

EN MINIATURE,

DES ÉVOLUTIONS DE LIGNE,

d'après l'ordonnance du 4 mars 1831.

PAR LELOUTEREL,

Général de brigade.

5.ᵉ édition.

STRASBOURG,

Chez Vᵉ Berger-Levrault & Fils, Éditeurs,
de l'Annuaire militaire.

1853.

Dépôt général
à Paris,

Chez C. Reinwald, Libraire,
Rue des Saints-Pères, 15.

STRASBOURG,
Typo-Lithographie de Vᵉ Berger Levrault & Fils.

AVERTISSEMENT.

Le titre de ce petit ouvrage indique assez quel est son objet et dans quel but il a été rédigé; en effet, il est peu de militaires dont la mémoire soit assez bonne pour retenir parfaitement tous les commandements et tous les principes des évolutions de ligne, et cela parce qu'il s'en faut de beaucoup qu'ils soient familiarisés avec cette partie de l'ordonnance du 4 mars 1831, comme ils le sont avec les trois premières, lesquelles sont exécutées journellement, tandis qu'il est peu de corps qui exécutent les évolutions de ligne chaque année, soit parce qu'ils sont généralement divisés sur plusieurs points, soit parce qu'ils manquent de terrain convenable, soit enfin parce qu'ils n'ont point assez de monde.

Mais sans être familiarisés avec les manœuvres de ligne, les militaires appelés à les commander, en chef ou en sous-ordre, n'y sont pas totalement étrangers, et les commandements, ainsi que les principes essentiels, mis sous leurs yeux dans un petit calepin que l'on peut tenir dans la main, suffisent pour les leur remémorer. La table, placée à la fin, donnera le moyen de trouver sur-le-champ le mouvement qu'on aura besoin de revoir.

EXPLICATIONS SUR LES FIGURES.

1.º Les lignes ponctuées représentent la position des bataillons au moment où le mouvement va commencer.

2.º Les doubles traits représentent les bataillons en route pour exécuter un mouvement.

3.º Les gros traits noirs représentent la position des bataillons après l'exécution du mouvement.

RÈGLES GÉNÉRALES

POUR LES COMMANDEMENTS.

———

Le commandant en chef fait les commandements généraux, qui sont répétés, au fur et à mesure, avec rapidité, par les chefs de bataillon, à moins qu'il n'ait donné un ordre contraire.

Après avoir répété les commandements généraux, les chefs de bataillon commandent et font exécuter, aussitôt, sans se régler les uns sur les autres, les mouvements préparatoires qui doivent précéder, dans leur bataillon, l'exécution du mouvement général.

Le commandant en chef fait toujours le commandement qui détermine l'exécution du mouvement général.

Les adjudants-majors et les adjudants répètent tous les commandements généraux, lorsque le vent ou le bruit des armes empêche qu'ils ne soient facilement entendus d'un bataillon à l'autre.

Dans le cas où un chef de bataillon, n'ayant pas entendu le commandement général, verrait le bataillon immédiatement voisin exécuter un mouvement, il ferait aussitôt exécuter le même mouvement à son bataillon.

Lorsque la ligne doit exécuter un mouvement central, le commandant en chef se porte au point qu'il choisit pour centre du mouvement, et donne ou envoie au chef de chacun des bataillons voisins de droite et de gauche, l'ordre de faire le commandement général relatif au mouvement que chaque portion de la ligne doit exécuter.

En colonne, la répétition des commandements a lieu d'après les mêmes principes.

Place de bataille des officiers supérieurs, adjudants-majors et adjudants.

Le colonel et tous les officiers supérieurs seront à cheval, les adjudants-majors et adjudants seront à pied.

Le colonel, ayant à sa droite le lieutenant-colonel et à sa gauche le major, à 50 pas en arrière des serre-files, vis-à-vis le centre de son régiment. Lorsque le major sera absent, le lieutenant-colonel se placera à la gauche du colonel.

Chaque chef de bataillon sera placé à 30 pas des serre-files, vis-à-vis le centre de son bat.ᵒⁿ

L'adjudant-major de chaque bataillon à 8 pas des serre-files derrière le centre du demi-bataillon de droite.

L'adjudant à pareille distance derrière le centre du demi-bataillon de gauche.

EXPLICATIONS.	COMMANDEMENS du commandant en chef.	des chefs de bataillon.
Ouvrir et serrer les rangs.		
	1. *Garde à vous pour ouvrir vos rangs.*	1. *Garde à vous pour ouvrir vos rangs.*
		2. *En arrière, ouvrez vos rangs.*
Chaque bataillon exécute ce mouvement comme s'il était isolé: et lorsque les rangs sont alignés, le chef de chaque bataillon commande........	2. MARCHE.	3. MARCHE.
L'on fait serrer les rangs de la manière prescrite à l'École de bataillon.	....	4. FIXE.
Charge et Feux.		
	1. *Garde à vous pour charger vos armes.*	1. *Garde à vous pour charger vos armes.*
	2. *Chargez vos armes.*	2. *Chargez vos armes.*

EXPLICATIONS.	COMMANDEMENTS	
	du commandant en chef.	des chefs de bataillon.
Au 1.er commandement les chefs de peloton, les remplacements et la garde du drapeau, se portent aux places indiquées à l'École de bataillon. Pour le 1.er feu seulement, le chef du 3.e bataillon ne fait tirer qu'après avoir entendu le feu du 1.er, celui du 5.e qu'après le 3.e, et ainsi de suite. Les bataillons pairs ne font leur 1.er commandement que lorsqu'ils voient quelques armes portées dans celui placé à leur droite.	1. *Feu de bataillon....* 2. *Commencez le feu..*	1. *Feu de bataillon.* 2. *Commencez le feu.* 3. *Bataillon.* 4. ARMES. 5. JOUE. 6. FEU. 7. CHARGEZ.
Pour faire exécuter le feu de 2 rangs, le commandant en chef commande................	1. *Feu de deux rangs.*	1. *Feu de deux rangs.*
Tous les feux cessent par le roulement; les chefs de bataillon font donner le coup de baguette dès que les armes sont chargées.	2. *Commencez le feu..*	2. *Bataillon.* 3. ARMES. 4. *Commencez le feu.*

L'on peut faire exécuter les feux de peloton et de demi-bataillon, il suffit de l'indication dans le premier commandement.

EXPLICATIONS.	COMMANDEMENTS	
	du commandant en chef.	des chefs de bataillon.
Feu par le 3.ᵉ rang.		
	1. *Face par le* 3.ᵉ *rang...*	1. *Face par le* 3.ᵉ *rang.* 2. *Bataillon.* 3. *Demi-tour* A DROITE.
Les serre-files, les tambours et la garde du drapeau exécutent ce qui est prescrit à l'École de bataillon.		
Le commandant en chef voulant faire remettre la ligne par le 1.ᵉʳ rang, commande............	1. *Face par le* 1.ᵉʳ *rang..*	1. *Face par le* 1.ᵉʳ *rang.* 2. *Bataillon.* 3. *Demi-tour* A DROITE.
Les serre-files, les tambours et la garde du drapeau reprennent leur place de bataille.		

EXPLICATIONS.	COMMANDEMENTS	
	du commandant en chef.	des chefs de bataillon.
Pour faire reposer la ligne.		
	1. *Garde à vous pour reposer...*	
		1. *Garde à vous pour reposer.*
	2. *Reposez-vous sur vos armes.....*	
		2. *Reposez-vous sur vos armes.*
	3. *Repos (ou en place re-pos).......*	
		3. *Repos (ou en place re-pos).*
Si le commandant en chef veut faire former les faisceaux, il commande..	*Formez les faisceaux..*	
		Formez les faisceaux.
Lorsque les faisceaux sont formés, les chefs de bataillon font rompre les rangs sans se régler les uns sur les autres.		
Pour faire cesser le re-pos, le commandant en chef fait faire un roule-ment................		1. *Bataillon.*
	Portez vos ar-mes......	2. *Portez vos armes.*
Si les faisceaux étaient formés, les chefs de ba-taillon les feraient rom-pre avant de commander : *Bataillon.*		

EXPLICATIONS.	COMMANDEMENTS	
	du commandant en chef.	des chefs de bataillon.
Rompre par peloton à droite *(ou* à gauche).		
	1. *Par pelo-ton à droite.*	1. *Par pelo-ton à droite.*
Les guides ne cherchent pas à se couvrir; ils ne se placent qu'en marchant et peu à peu sur la direction.	2. *Pas accéléré* = MARCHE.	2. *Pas accéléré* = MARCHE.
Si le commandant en chef voulait faire rompre par la droite, pour mar-cher vers la gauche, il commanderait.........	*Rompre par la droite, pour mar-cher vers la gauche....*	
Ce mouvement s'exé-cute par bataillon, le 2.e ne le commence que lors-qu'il a sa distance de 24 pas du premier. Le premier peloton de chaque bataillon marche deux fois l'étendue de son front.		*Rompre par la droite, pour mar-cher vers la gauche.*

EXPLICATIONS.	COMMANDEMENTS	
	du commandant en chef.	des chefs de bataillon.
Rompre en arrière à droite (*ou* à gauche).		
	1. *Par peloton en arrière à droite..*	1. *Par peloton en arrière à droite.* 2. *Bataillon à droite.*
Chaque bat.^{on} rompt comme s'il était isolé.	2. *Pas accéléré* — MARCHE..	3. *Pas accéléré* — MARCHE.
Ployer la ligne en colonne serrée.		
	1. *Col. serrée par division.*	1. *Col. serrée par division.*
	2. *Sur la* 1.re *division du* 1.er *bat. la droite en tête en colonne.*	2. *Sur la* 1.re *division du* 1.er *bat. la droite en tête en colonne.* 3. *Bataillon à droite.*
Toutes les divisions font à droite, excepté celle désignée. La 1.re division des autres bataillons reste par le flanc jusqu'à ce que les trois autres soient entrées en colonne · alors chaque	3. *Pas accéléré* — MARCHE. .	4. *Pas accéléré* — MARCHE

EXPLICATIONS.	COMMANDEMENTS	
	du commandant en chef.	des chefs de bataillon.
chef de bat. commande..	. . . .	1. *Bataillon en avant.* 2. *Gvide à gauche.* 3. Marche.

Chaque bataillon se dirige ainsi par le flanc et par la ligne la plus courte vers l'emplacement qu'il doit occuper dans la colonne, et lorsqu'il y est entré et arrêté, les guides font face du côté de la direction.

L'adjudant-major de chaque bataillon se détache à 3o ou 4o pas pour aller marquer l'endroit où sa 1.re division doit entrer dans la colonne.

Ce mouvement, pour mettre la gauche en tête, s'exécuterait d'après les mêmes principes, les chefs de bataillon feraient faire demi-tour aux guides après le mouvement.

Lorsqu'il y a un autre bataillon contigu à la division sur laquelle on se forme, ce bataillon exécute son mouvement comme s'il était isolé, c'est-à-dire que les divisions ne s'attendent pas.

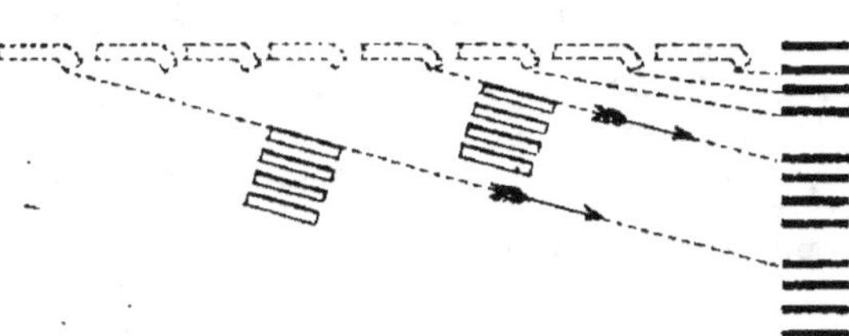

EXPLICATIONS.	COMMANDEMENTS	
	du commandant en chef.	des chefs de bataillon.

Marcher en colonne avec distance entière.

	1. *Colonne en avant.....*	1. *Colonne en avant.*
		2. *Guide à droite (ou à gauche).*
Ce commandement est vivement répété par tous les chefs de division.	2. *Pas accéléré* = MARCHE..	3. *Pas accéléré* = MARCHE.

L'adjudant-major de la tête maintient le 1.er guide sur la direction qui lui a été donnée. Tous les autres guides marchent dans la trace de celui qui les précède.

Lorsque la colonne doit se prolonger sur une ligne donnée, comme arrivant par devant ou par derrière cette ligne, pour s'y former à gauche ou à droite en bataille, le commandant en chef fait jalonner cette ligne par l'un des moyens indiqués à l'Ecole de bataillon, n.ºs 145 et 146, après quoi la colonne exécute tout ce qui est prescrit au n.° 130 et suivants, ou 139 et suivants de la même Ecole.

Dès que la colonne est arrivée sur l'emplacement qu'elle doit occuper en bataille, le commandant en chef l'arrête, rectifie la position des drapeaux et des guides généraux, s'il y a lieu, puis il commande..

	1. *Guides sur la ligne...*	1. *Guides sur la ligne.*

Les guides des subdivisions, du côté de la direction, se portent sur la ligne des drapeaux et des guides généraux, font face à la tête de la colonne et sont assurés sur la direction par les adjud.-maj. et par les adjudants.

EXPLICATIONS.	COMMANDEMENTS	
	du commandant en chef.	des chefs de bataillon.
Les guides étant placés, chaque chef de bat., sans rien attendre, commande. La colonne est ensuite formée à gauche ou à droite en bataille.		2. *A gauche* (ou *à droite*) = ALIGNEM.

Colonne en route.

	1. *Colonne en avant......* 2. *Pas de route* = MARCHE.	1. *Colonne en avant.* 2. *Guide à g.* (ou *à droite*) 3. *Pas de route* = MARCHE.

Lorsqu'il y a lieu de faire diminuer le front des subdivisions, ce mouvement ne se fait que lorsque chaque bataillon arrive sur le terrain où le bataillon précédent l'a exécuté.

Changement de direction en colonne avec distance entière.

Le commandant en chef fait placer un jalonneur au point où il veut faire changer de direction et en prévient le chef de bataillon de la tête, lequel commande..............................		1. *Tête de colonne à dr.* (ou *à gauche*)

E.

2

EXPLICATIONS.	COMMANDEMENTS	
	du commandant en chef.	des chefs de bataillon.

Arrêter la colonne.

Si l'alignem. des guides n'est que légèrement défectueux, le commandant en chef le fait rectifier en commandant..........	1. *Colonne.* . 2. Halte	1. *Colonne.* 2. Halte.
	Guides à vos chefs de file.	*Guides à vos chefs de file.*

Les adjudants-majors et les adjudants rectifient promptement la position des guides.

Si, au contraire, la direction est tellement défectueuse que l'on soit obligé d'en établir une nouvelle, le comm. en ch. commande.

	1. *Drapeaux et guides gén. sur la ligne.*	1. *Drapeaux et guides gén. sur la ligne.*

Les drapeaux et les guides généraux se portent sur la direction de ceux établis par le commandant en chef; et ils y sont assurés par les adj.-maj. et par les adjudants.

Lorsque les drapeaux et les guides gén. sont établis, le comm. en ch. commande.

	2. *Guides sur la ligne....*	2. *Guides sur la ligne.*

Les guides se portent sur la ligne et font tous face vers la tête de la colonne.

L'adjudant-major de chaque bataillon assure les guides du demi-bataillon de droite et l'adjudant ceux du demi-bataillon de gauche.

Aussitôt que les guides sont assurés, les chefs de bataillon alignent leur bataillon, sans se régler les uns sur les autres.

EXPLICATIONS.	COMMANDEMENTS	
	du commandant en chef.	des chefs de bataillon.

Serrer la colonne à demi-distance *ou* en masse.

EXPLICATIONS.	du commandant en chef.	des chefs de bataillon.
	1. *A distance de sect. ser-rez la colon.*	1. *A distance de sect. ser-rez la colon.*
Si la colonne est en marche, le 1.er peloton est arrêté et aligné par son chef. Les adjudants-majors assurent la position de leurs guides, en se portant en arrière de chacun d'eux.	2. *Pasacccéléré* ═ MARCHE..	2. *Pasacccéléré* ═ MARCHE..
Si au lieu de serrer sur le 1.er peloton, le commandant en chef veut faire serrer sur le dernier, il commande..............	1. *Sur le 8.e peloton du 8.e bataillon, à distance de section, ser-rez la colon.*	1. *Sur le 8.e peloton du 8.e bataillon, à distance de section, ser-rez la colon.* 2. *Bataillon demi-tour* ═ A DROITE.

EXPLICATIONS.	COMMANDEMENTS	
	du commandant en chef.	des chefs de bataillon.
Les guides restent au 1.er rang devenu 3.e.....	....	3. *Colonne en avant.*
Les chefs de peloton du dernier bataillon se portent à 2 pas en dehors de leur guide, du côté de la direction.	2. *Pas accéléré* = MARCHE.	4. *Guides à droite.*
Lorsque chaque chef de bataill·a voit que le 1.er peloton de celui qui le précéde n'a plus que quelques pas à faire, il commande...............	....	5. *Pas accéléré* = MARCHE.
Les chefs de peloton se conforment à ce qui a été dit ci-dessus pour ceux du 8.e bataillon.		6. *Chefs de peloton sur le flanc de la colonne.*
Aussitôt que les pelotons de chaque bataillon sont alignés, le chef de bataillon commande....	....	7. *Guides demi-tour* = A DROITE.

A demi-distance, par peloton, la distance entre les bataillons est de l'étendue d'un peloton; elle serait de l'étendue d'une division, si la colonne était formée par division.

Dans une colonne serrée en masse, la distance entre les bataillons est de 9 pas.

EXPLICATIONS.	COMMANDEMENTS	
	du commandant en chef.	des chefs de bataillon.

Marcher en colonne à demi-distance *ou* serrée en masse.

EXPLICATIONS.	du commandant en chef.	des chefs de bataillon.
La colonne est mise en marche par les mêmes commandements que pour une colonne à distance entière; elle est également arrêtée par les mêmes commandements. La colonne étant arrêtée, si le commandant en chef veut lui donner une autre direction, il établit sur cette direction les deux premiers guides, et commande..........	*Guides à vos chefs de file.*	*Guides à vos chefs de file.*
Chaque adjudant-major assure la position de ses guides. Lorsque les guides de chaque bataillon sont placés sur la direction, chaque chef de bataillon commande..........	....	*A gauche* (ou *à droite*) = ALIGNEMENT.

EXPLICATIONS.	COMMANDEMENTS	
	du commandant en chef.	des chefs de bataillon.

Changer de direction à demi-distance.

Ce mouvement s'exé-cute comme celui à dis-tance-entière. Les pivots font le pas d'un pied.		

Changer de direction en masse en marchant.

	1. *Pour chan-ger de direc-tion à droite*	1. *Pour chan-ger de direc-tion à droite*
Le 1.ᵉʳ bataillon se met en marche et prend le guide du côté opposé à celui sur lequel le chau-gement de direction doit avoir lieu, lorsque la tête de ce bataillon est arri-vée au point indiqué, son chef commande.....	2. *Par batail-lon en masse par la tête de la colonne prenez vos distances.*	2. *Par batail-lon en masse par la tête de la colonne prenez vos distances.*
	....	3. *Bataillon à droite con-version.*
Et lorsque la conver-sion est achevée...... et il reprend le guide du côté où il doit être dans l'ordre naturel	....	4. MARCHE. 5. *En avant.* 6. MARCHE.

EXPLICATIONS.	COMMANDEMENTS	
	du commandant en chef.	des chefs de bataillon.
Le chef de chacun des autres bataillons le met en marche dès qu'il y a 4o pas entre sa première division et la dernière du bataillon qui le précède, et exécute absolument la même chose au point indiqué.		
Lorsque le 1.er bataillon a parcouru une étendue égale à celle nécessaire à la colonne serrée en masse, le commandant en chef commande......	1. *En masse serrez la colonne......*	1. *En masse serrez la colonne.*
	2. *Pasaccéléré* ═ MARCHE.	2. *Pasaccéléré* ═ MARCHE.
Le bataillon de la tête est arrêté et aligné du côté de la direction; tous les autres serrent à 9 pas et sont de même alignés.		
Les adjudants-majors assurent la position de leurs guides; celui du 1.er bataillon en se plaçant en avant, et les autres en arrière d'eux.		

EXPLICATIONS.	COMMANDEMENTS	
	du commandant en chef.	des chefs de bataillon.

Changer de direction en masse de pied ferme.

EXPLICATIONS.	du commandant en chef.	des chefs de bataillon.
Le commandant en chef fait placer deux jalonneurs sur la nouvelle direction, et le mouvement s'exécute comme à l'école de bataillon.	1. *Changem. de direction par le flanc droit.*	1. *Changem. de direction par le flanc droit.*
		2. *Bataillon à droite.*
L'adjudant-major de la tête se place en avant des guides pour assurer leur direction, les autres se placent en arrière.	2. *Pas accéléré* = MARCHE.	3. *Pas accéléré* = MARCHE.

EXPLICATIONS.	COMMANDEMENTS	
	du commandant en chef.	des chefs de bataillon.

En colonne à demi-distance (*ou* en masse) prendre les distances.

EXPLICATIONS.	COMMANDEMENTS du commandant en chef.	COMMANDEMENTS des chefs de bataillon.
Lorsque ce mouvement a lieu sur un bataillon de l'intérieur, la base est toujours le 1.er ou le dernier peloton (ou division) de ce bataillon.	1. *Sur le 1.er peloton du 5.e bat. prenez les distances.*	1. *Sur le 1.er peloton du 5.e bat. prenez les distances.*
Les chefs de bataillon qui se trouvent en avant ajoutent	. . . .	2. *Colonne en avant.* 3. *Guides à gauche.*
Ceux qui se trouvent en arrière ajoutent	. . . .	2. *Bataillon demi-tour* ═ A DROITE. 3. *Colonne en avant.* 4. *Guide à droite.*
	2. *Pas accéléré* ═ MARCHE . .	5 *Pas accéléré* ═ MARCHE.

Les chefs de peloton ou de division du 5.e bataillon se portent sur le flanc de la colonne; les autres ne s'y portent qu'au commandement de leur chef de bataillon, lequel est fait au moment où la première ou dernière subdivision, selon la position en avant ou en arrière, est près d'atteindre sa distance de 24 pas.

EXPLICATIONS.	COMMANDEMENTS	
	du commandant en chef.	des chefs de bataillon.

Avant de commencer le mouvement, les guides généraux des deux extrémités se portent sur le prolongement de la direction pour indiquer aux guides la ligne qu'ils doivent suivre.

Contre-marche.

EXPLICATIONS.	du commandant en chef.	des chefs de bataillon.
Si la colonne est à distance entière ou à demi-distance et la droite en tête, le commandant en chef commande.........	1. *Contre-marche*...	1. *Contre-marche*.
Les guides de chaque bataillon font demi-tour à droite.		2. *Bataillon* = A DROITE.
		3. *Par file à gauche*.
La contre-marche s'exécute comme dans l'École de bataillon.	2. *Pas accéléré* = MARCHE..	4. *Pas accéléré* = MARCHE.
Si la colonne a la gauche en tête, les commandements sont inverses.		
Lorsque la colonne est serrée en masse, les commandements en chef sont les mêmes que ci-dessus; mais les chefs de bataillon commandent.....	....	2. *Bataillon* = A DROITE et A GAUCHE.
		3. *Par file à gauch. et par file à droite*.

EXPLICATIONS.	COMMANDEMENTS	
	du commandant en chef.	des chefs de bataillon.
En colonne par peloton, former les divisions.		
Si la droite est en tête.	1. *Formez les divisions.*	1. *Formez les divisions.* 2. *Pel. pairs* $=$ A GAUCHE.
Les guides des pelotons impairs jalonnent face à droite.	2. *Pasaccéléré* $=$ MARCHE..	3. *Pasaccéléré* $=$ MARCHE.
Le mouvement s'exécute comme à l'École de bataillon. **Le guide de** gauche de chaque peloton pair jalonne sur la direction des deux guides du peloton impair. Lorsque les divisions sont formées et alignées, chaque chef de bataillon commande................ Ce mouvement, la gauche en tête, s'exécute par les commandements et moyens inverses.		4. *Guides* $=$ A VOS PLACES.

EXPLICATIONS.	COMMANDEMENTS	
	du commandant en chef.	des chefs de bataillon.

Former la colonne à distance entière à gauche (*ou* à droite) en bataille.

EXPLICATIONS.	du commandant en chef.	des chefs de bataillon.
La droite étant en tête.	1. *A gauche en bataille..*	1. *A gauche en bataille.*
	2. *Pas accéléré* = MARCHE..	2. *Pas accéléré* = MARCHE.
Ce mouvement s'exécute comme à l'École de bataillon. Dès que la ligne est formée, le commandant en chef commande........	3. *Drapeaux et guides* = A VOS PLACES.	3. *Drapeaux et guides* = A VOS PLACES.
Si la colonne devait être formée en bataille par inversion, le commandant en chef commanderait.....	1. *Par inversion à droite en bataille..*	1. *Par inversion à droite en bataille.* 2. *Bataillon, guide à dr.*
Les adjudants-majors et adjudants rectifient promptement la position des guides. Le mouvement achevé, on fait rentrer les guides.	2. *Pas accéléré* = MARCHE..	3. *Pas accéléré* = MARCHE.

EXPLICATIONS.	COMMANDEMENTS	
	du commandant en chef.	des chefs de bataillon.

Formations successives.

L'on comprend, sous ce titre, toutes les formations où les subdivisions d'une colonne arrivent sur la ligne de bataille l'une après l'autre.

Au commandement de HALTE, fait au peloton du drapeau, dans chaque bataillon, à 3 pas de la ligne de bataille, le drapeau sort, pour jalonner, face à la direction, en portant son drapeau verticalement vis-à-vis le milieu du corps.

EXPLICATIONS	du commandant en chef	des chefs de bataillon
Lorsqu'il y a deux drapeaux établis sur la ligne, les chefs des bataillons déjà formés commandent.	....	*Guides* = A VOS PLACES.
Les drapeaux seuls restent devant le front.		
Lorsque la ligne est entièrement formée, le commandant en chef commande............	*Drapeaux* = A VOS PLACES.	*Drapeaux* = A VOS PLACES.

Chaque chef de bataillon, après avoir fait rentrer ses guides, fait reposer sur les armes.

L'adjudant-major de chaque bataillon subordonné le précède sur la ligne de bataille, et place un jalonneur au point où doit appuyer la droite (*ou la gauche*) de son bataillon.

EXPLICATIONS.	COMMANDEMENTS	
	du commandant en chef.	des chefs de bataillon.

Colonne avec distance entière sur la droite (*ou* sur la gauche) en bataille.

EXPLICATIONS.	du commandant en chef.	des chefs de bataillon.
Le commandant en ch., après avoir déterminé la ligne de bataille, à 10 pas au moins des guides, commande...............	*1. Sur la dr. en bataille..*	*1. Sur la dr. en bataille.* *2. Bataillon, guides à dr.*
Ce mouvement s'exécute comme à l'École de bataillon. Dès que l'adjudant-maj. du 2.º bataillon voit la dernière subdivision du 1.ᵉʳ tourner à droite, il va établir deux jalonneurs sur la direction et contre lesquels doit appuyer le premier peloton de son bataillon. La ligne étant formée, le commandant en chef commande............	*Drapeaux* = À VOS PLACES.	*Drapeaux* = À VOS PLACES.
Ce mouvement, la gauche en tête, s'exécuterait par les commandements et moyens inverses.		

EXPLICATIONS.	COMMANDEMENTS	
	du commandant en chef.	des chefs de bataillon.

Colonne à distance entière en avant en bataille.

EXPLICATIONS.	du commandant en chef.	des chefs de bataillon.
La droite étant en tête, le commandant en chef fait établir deux jalonneurs vis-à-vis la tête de la colonne pour déterminer la ligne de bataille, et commande :	1. *En avant en bataille.*	Ch. du 1.er b. 1. *En avant en bataille..* 2. *Par peloton demi-à-g.* Tous les autr. 1. *En avant en bataille.* 2. *Bataillon, guide à dr.* 3. *Tête de colonne à g.*
	2. *Pas accéléré* ═ MARCHE, .	4. *Pas accéléré* ═ MARCHE.

Le 1.er bataillon se forme comme il est expliqué à l'École de bataillon.

Les autres bataillons se dirigent en colonne vers la ligne de bataille, et par la ligne la plus courte, c'est-à-dire, par la diagonale.

Lorsque la tête de chaque bataillon est arrivée à distance de peloton de la ligne de bataille, son chef l'arrête et le forme en avant en bataille.

L'adjudant-major de chaque bataillon se détache à 150 pas de la ligne pour y placer 2 jalonneurs vis-à-vis la 1.re subdivision.

Ce mouvement, la gauche en tête, s'exécute par les moyens inverses.

EXPLICATIONS.	COMMANDEMENS du commandant en chef.	des chefs de bataillon.
Colonne à distance entière, face en arrière en bataille.		
La tête de la colonne étant arrivée à distance de peloton des deux jalonneurs qui déterminent la ligne de bataille, le commandant en chef l'arrête et commande :	1. *Face en arrière en bataille*......	Ch. du 1.er b. 1. *Face en arrière en bat.* 2. *Bataillon,* = À DROITE. Tous les autr. 1. *Face en arrière en bat.* 2. *Bataillon,* guide à g. 3. *Tête de col.* à droite. Tous.
	2. *Pas accéléré* = MARCHE..	4. *Pas accéléré* = MARCHE.

Le 1.er bataillon se forme comme il est expliqué à l'École de bataillon.

Les autres bataillons se portent en colonne par la diagonale vis-à-vis de l'emplacement que doit occuper le 1.er peloton sur la ligne de bataille, et exécutent ensuite leur mouvement comme le premier.

Les adjudants-majors se détachent assez à temps pour placer sur la direction leurs deux premiers jalonneurs.

Ce mouvement, la gauche en tête, s'exécuterait d'après les commandemens et moyens inverses.

EXPLICATIONS.	COMMANDEMENTS	
	du commandant en chef.	des chefs de bataillon.

Colonne, la droite en tête, à gauche et en avant en bataille.

EXPLICATIONS.	du commandant en chef.	des chefs de bataillon.
L'on suppose une colonne de 4 bataillons, ayant changé de direction à droite, à distance entière et forcée de se former en bataille alors qu'il n'y a que deux bataillons entrés dans la nouvelle direction ; le commandant en ch. commande.	1. *A gauche et en avant en bataille.*	1. *A gauche et en avant en bataille.*
Les chefs des deux 1.ers bataillons ajoutent.	. . . .	2. *A gauche en bataille.*
celui du 3.e bataillon qui était prêt à entrer en ligne.	. . . .	2. *En avant en bataille.* 3. *Par pelot. demi-à-g.*
celui du 4.e bataillon. . . .	. . . .	2. *En avant en bataille.* 3. *Bataillon, guide à dr.* 4. *Tête de colonne à g.*

3

EXPLICATIONS.	COMMANDEMENTS	
	du commandant en chef.	des chefs de bataillon.
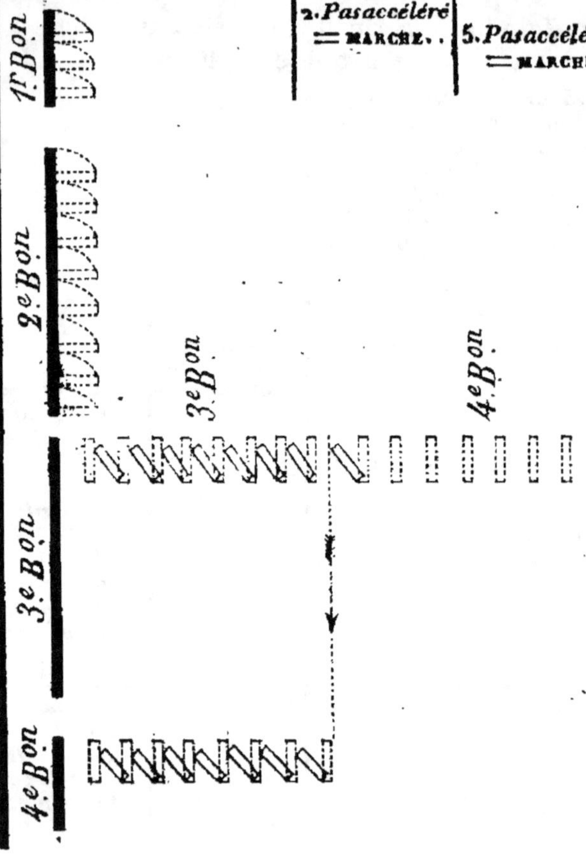	2. *Pas accéléré* ═ MARCHE..	5. *Pas accéléré* ═ MARCHE.

EXPLICATIONS.	COMMANDEMENTS	
	du commandant en chef.	des chefs de bataillon.

Colonne, la droite en tête, à gauche et face en arrière en bataille.

EXPLICATIONS.	du commandant en chef.	des chefs de bataillon.
L'on suppose une colonne de 4 bataillons, à distance entière, ayant changé de direction à gauche, et dont 2 bataillons seulement sont entrés dans la nouvelle direction, le commandant en chef commande :	1. *A gauche et face en arrière en bataille...*	1. *A gauch et face en arrière en bataille.*
Les chefs des 2 premiers bataillons ajoutent......	....	2. *A gauche en bataille.*
celui du 3.ᵉ bataillon....	....	2. *Face en arrière en bataille.* 3. *Bataillon* ══ A DROITE.
celui du 4.ᵉ bataillon....	....	2. *Face en arrière en bataille.* 3. *Bataillon, guide à g.* 4. *Tête de col. à droite.*
	2. *Pas accéléré* ══ MARCHE..	5. *Pas accéléré* ══ MARCHE.
Chacun des deux mouvements dont se compose cette formation s'exécute comme à l'École de bat.		

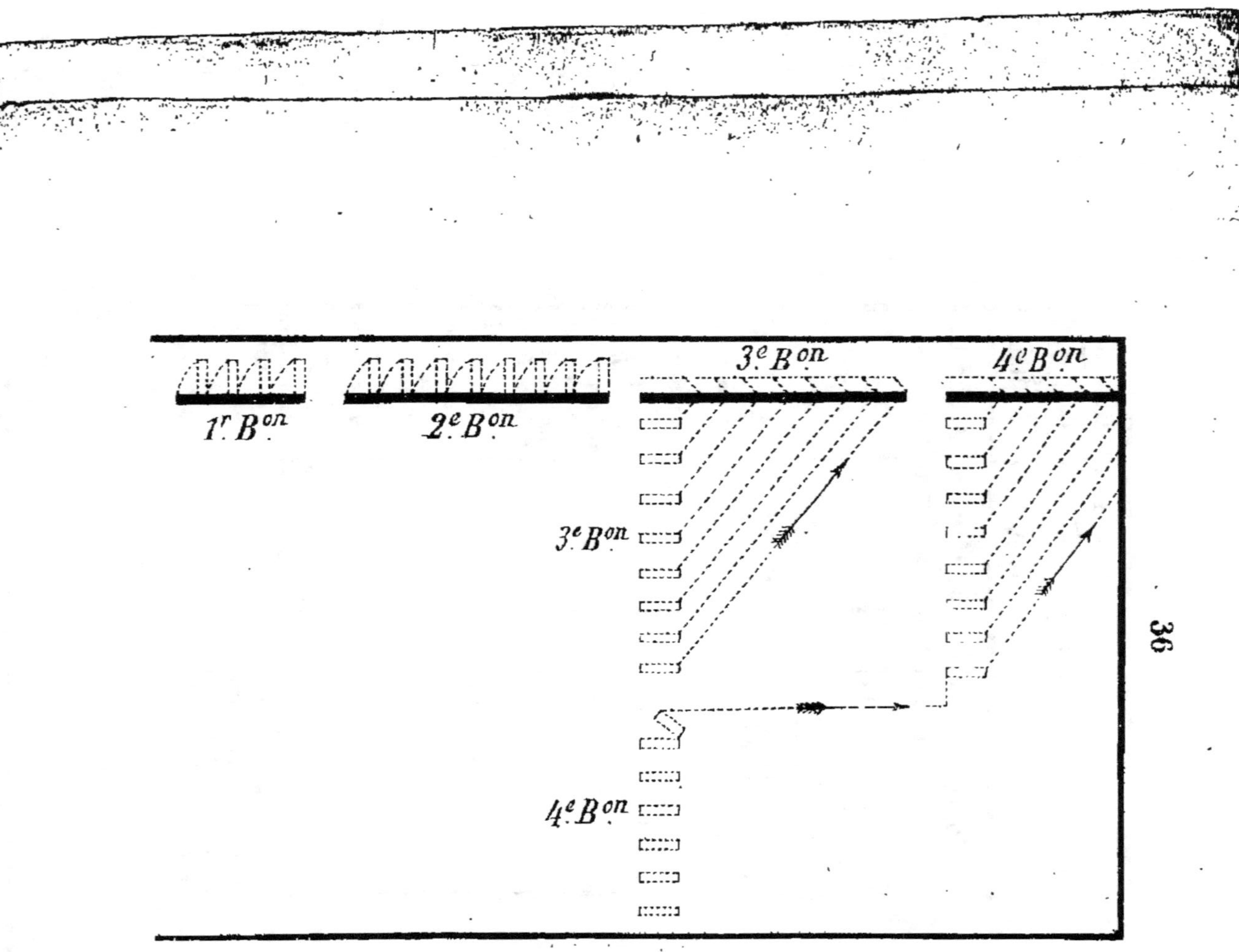

1r Bon
2e Bon
3e Bon
4e Bon
3e Bon
4e Bon

EXPLICATIONS.	COMMANDEMENTS	
	du commandant en chef.	des chefs de bataillon.

Formation face en arrière et en avant en bataille sur un peloton de l'intérieur.

EXPLICATIONS.	du commandant en chef.	des chefs de bataillon.
L'on suppose une colonne de 4 bataillons par peloton, à distance entière, devant se former face en arrière en bataille sur le 1.ᵉʳ peloton du 3.ᵉ bataillon. Le commandant en chef commande :	1. *Sur le 1.ᵉʳ peloton du 3.ᵉ bataillon, face en arrière en bataille.....*	
		1. *Sur le 1.ᵉʳ peloton du 3.ᵉ bataillon, face en arrière en bataille.*
Le chef du 3.ᵉ bataillon ajoute.............	....	2. *Bataillon,* = À DROITE.
celui du 4.ᵉ bataillon....	....	2. *Bataillon, guide à g.* 3. *Tête de colonne à dr.*
Les chefs des 1.ᵉʳ et 2.ᵉ bataillons font d'abord exécuter la contre-marche, puis celui du 2.ᵉ bataillon commande........	....	2. *En avant en bataille.* 3. *Par pelot. demi-à-dr.*
et enfin, celui du 1.ᵉʳ bat.	....	2. *Bataillon, guide à g.* 3. *Tête de colonne à dr.*
	2. *Pas accéléré* = MARCHE..	4. *Pas accéléré* = MARCHE.

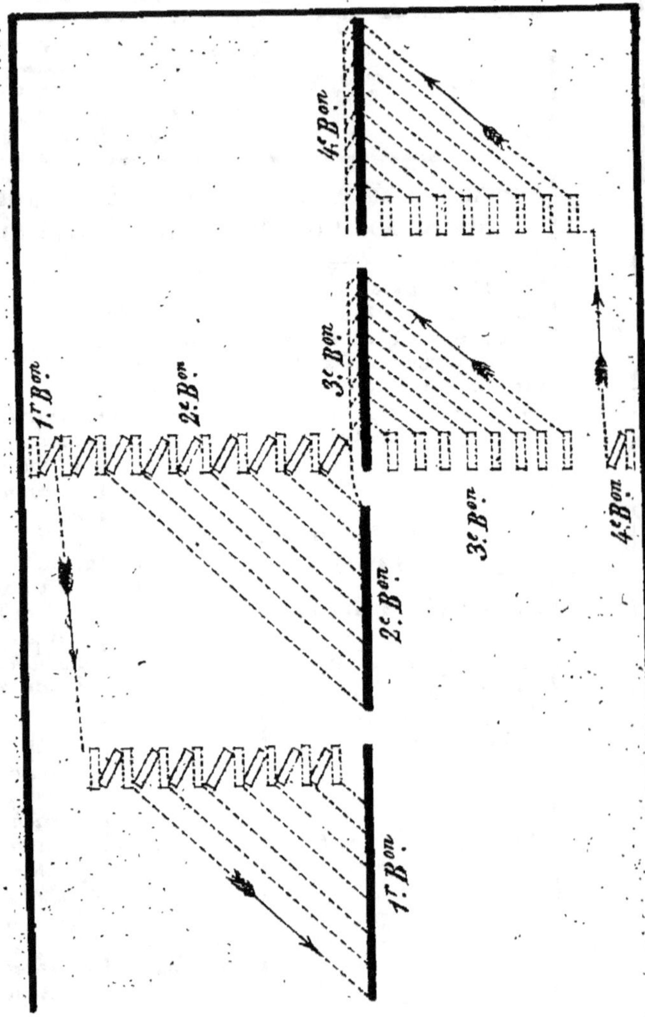

38

EXPLICATIONS.	COMMANDEMENTS	
	du commandant en chef.	des chefs de bataillon.
Formation en avant et face en arrière en bataille sur un peloton de l'intérieur.		
L'on suppose une colonne de 4 bataillons dans le même ordre que dans le mouvement précédent, p. 37, le commandant en chef commande :	1. *Sur le 1.er peloton du 3.e bataillon en avant en bataille....*	1. *Sur le 1.er peloton du 3.e bataillon en avant en bataille.*
Le chef du 3.e b. ajoute	....	2. *Par pelot. demi-à-g.*
celui du 4.e bataillon....	....	2. *Bataillon, guide à dr.*
Les chefs des 1.er et 2.e bataillons font en même temps exécuter la contre-marche, après quoi celui du 2.e bat.on commande.	....	3. *Tête de colonne à g.* 2. *Face en arrière en bataille.* 3. *Bataillon* ⎓ *À GAUCHE.*
et enfin, celui du 1.er b.on	....	2. *Bataillon, guide à dr.* 3. *Tête de colonne à g.*
Ce mouvement s'exécute absolument comme le précédent.	2. *Pas accéléré* ⎓ *MARCHE..*	4. *Pas accéléré* ⎓ *MARCHE.*

EXPLICATIONS.	COMMANDEMENTS du commandant en chef.	des chefs de bataillon.

Manière de former en bataille une colonne à demi-distance.

Pour la former à gauche ou à droite en bataille, il faut faire prendre distance entière sur tel peloton ou division que l'on juge à propos.

Pour la former sur la droite, sur la gauche, ou face en arrière en bataille, on emploie absolument les mêmes commandements et moyens que lorsqu'elle est à distance entière.

La formation en avant en bataille a lieu par les déploiements; ainsi, pour une colonne ayant la droite en tête, le commandant en chef commande......

en chef commande......	1. *En avant en bataille..*	1. *En avant en bataille.*
Le chef du 1.er bataillon ajoute.............	....	2. *En masse serrez la col.*
Les autres chefs de bat.	....	2. *Guide à dr.* 3. *Tête de colonne à g.*
et enfin, le commandant en chef et tous les chefs de bataillon.............	2. *Pas accéléré* = MARCHE..	3. *Pas accéléré* = MARCHE.
Le 1.er bataillon se déploie ensuite sur son 1.er peloton.		

Tous les autres déboîtent et marchent vers la ligne de bataille, par la diagonale, comme s'ils étaient à distance entière, ensuite ils serrent en masse, et se déploient également sur leur $1.^{er}$ peloton, sans attendre aucun autre commandement.

Les adjudants-majors se détachent assez à temps pour placer deux jalonneurs vis-à-vis la $1.^{re}$ subdivision de leur bataillon.

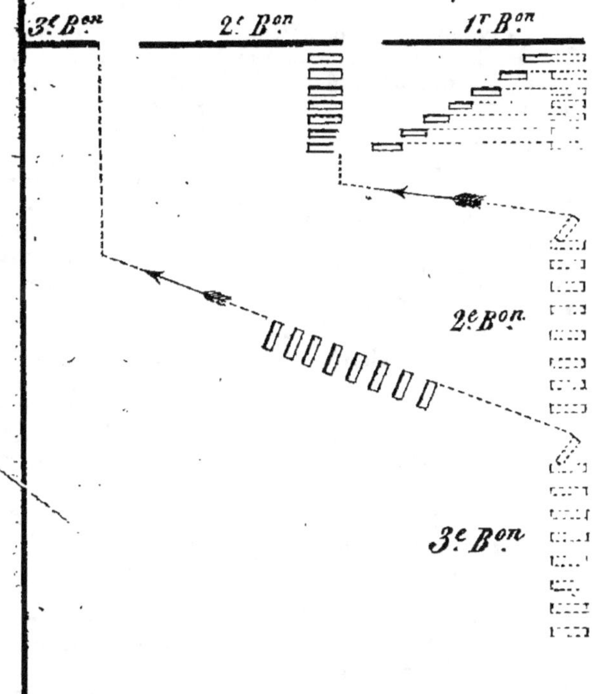

EXPLICATIONS.	COMMANDEMENTS	
	du commandant en chef.	des chefs de bataillon.

Déploiement par bataillon en masse, face en avant.

La colonne par bataillon en masse étant supposée la droite en tête, le commandant en chef fait placer deux jalonneurs en avant de la 1.re division, et commande....................	*1. Par bataillon en masse sur le 1.er bataillon déployez la colonne.*	*1. Par bataillon en masse sur le 1.er bataillon déployez la colonne..*
Un aide-de-camp, et à défaut, l'un des guides généraux, est envoyé sur la direction des deux premiers jalonneurs, au delà du point où doit arriver la gauche de la ligne.		
Les chefs de bataillon, excepté le 1.er, ajoutent..	....	*2. Bataillon* ══ A GAUCHE.
	2. Pas accéléré ══ MARCHE..	*3. Pas accéléré* ══ MARCHE.
Le chef du 1.er bat.^{on} commande seulement....	....	*2. A droite* ══ ALIGNEMENT.

La 1.re division du 1.er bataillon s'aligne à droite contre les jalonneurs. Les guides des autres divisions se placent à leur chef de file, à 6 pas de celui qui les précède.

Le chef de la 1.re division, après avoir commandé FIXE, reste à la droite de sa division, à la place de son guide, qui recule au 3.e rang.

Tous les autres bataillons marchent par le flanc et parallèlement à la ligne de bataille.

L'adjudant du 2.e bataillon se porte sur la direction, à 24 pas de la gauche de la 1.re division du 1.er bat.^{on}

EXPLICATIONS.	COMMANDEMENTS	
	du commandant en chef.	des chefs de bataillon.
Lorsque la droite de la $1.^{re}$ division du $2.^{e}$ bataillon est près d'arriver à hauteur de l'adjudant, le chef de ce bataillon commande..		1. *Bataillon par le flanc droit.*
Et lorsque le bataillon est arrivé à 3 pas de la ligne de bataille........	....	2. MARCHE. 3. *Guide à dr.* 4. *$2.^{e}$ Bataill.*
Aussitôt que le bat.^{on} est arrêté, l'adjudant-major établit deux jalon- neurs vis-à-vis la $1.^{re}$ di- vision et sur la direction des deux premiers.		5. HALTE. 6. *A droite* $=$ ALIGNEMENT.
Lorsque la formation est achevée.............	3. *Guides* $=$ A VOS PLACES.	Tous. 7. *Guides* $=$ A VOS PLACES.

Il est bien entendu que les bataillons suivants exé-cutent à leur tour ce qui vient d'être expliqué pour le deuxième.

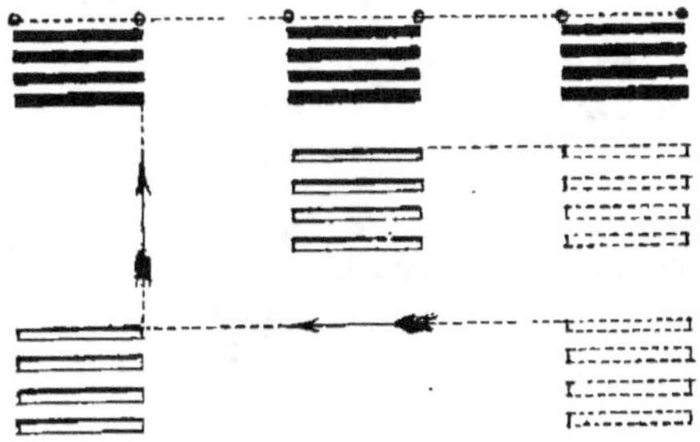

EXPLICATIONS.	COMMANDEMENTS du commandant en chef.	des chefs de bataillon.

L'on peut ainsi déployer, par bataillon en masse, sur le 1.er ou sur le dernier bataillon, ou bien sur un bataillon quelconque de l'intérieur de la colonne.

Les principes restent les mêmes ; bien entendu que dans le dernier cas le bataillon de direction se porte sur la ligne de bataille, contre les deux jalonneurs, dès qu'il est démasqué par les autres bataillons qui se trouvent en avant de lui et est aligné à gauche. Le chef de la 1.re division, après avoir commandé FIXE, se porte à la droite de sa division ; il en est de même dans tous les autres bataillons.

Déploiement par bataillon en masse sur un bataillon de l'intérieur.

EXPLICATIONS.	du commandant en chef.	des chefs de bataillon.
Deux aides-de-camp ou guides généraux vont marquer les deux extrémités de la ligne.	1. *Ligne de bataille sur le 3.ᵉ bat.ᵒⁿ*	1. *Ligne de bataille sur le 3.ᵉ bat.ᵗⁿ*
Les chefs des deux 1.ers bataillons ajoutent......	....	2. *Face par le 3.ᵉ rang.*
	2. *Par bat.ᵒⁿ en masse sur le 3.ᵉ bat.ᵒⁿ déployez la colonne....*	3. *Bataillon, demi-tour* = À DROITE.
Le 3.ᵉ bat.ᵒⁿ est averti de ne pas bouger, et il est aligné à gauche par son chef.		4. *Par bat.ᵒⁿ en masse sur le 3.ᵉ bat.ᵒⁿ déployez la colonne.*
Les chefs de tous les autres b.ᵒⁿˢ commandent..	....	5. *Bataillon* = À GAUCHE.
	3. *Pas accéléré* = MARCHE..	7. *Pas accéléré* = MARCHE.

Tous les principes à observer sont les mêmes que dans le mouvement précédent.

Les adjudants-majors et adjudants marquent à l'avance le point où doit appuyer la droite ou la gauche de leur 1.re division, à distance de 24 pas de celle du bataillon voisin du côté de la direction.

Les deux premiers bataillons coupent la ligne de bataille et marchent en arrière jusqu'à ce que leur 1.re division l'ait dépassée de 3 pas, après quoi, ils sont remis face par le 1.er rang et alignés à gauche. Tous les bataillons qui se trouvent après le 3.e sont alignés à droite.

Tout en établissant la ligne de bataille sur le 3.e bataillon, l'on peut déployer sur le 4.e, par exemple, et alors ce bataillon se porte, dès qu'il est démasqué, contre les 2 jalonneurs qui ont été établis devant le 3.^e

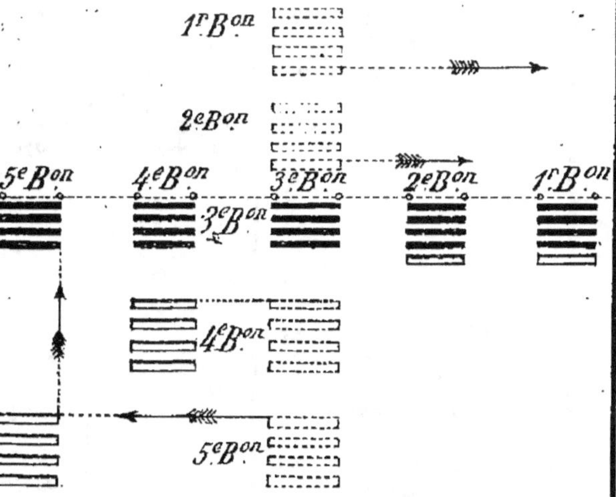

EXPLICATIONS.	COMMANDEMENTS	
	du commandant en chef.	des chefs de bataillon.

Déploiement par bataillon en masse face en arrière.

Il suffit de faire faire la contre-marche à la colonne, et alors elle déploie par les commandements et moyens prescrits pour les déploiements en avant, p. 42 et 44.

Déploiement par bataillon en masse face à gauche.

En supposant que le mouvement ait lieu sur le 3.ᵉ bataillon, ce qui embrasse tous les cas, la ligne de bataille est déterminée par deux jalonneurs placés sur le flanc droit de ce bataillon; deux aides-de-camp, ou guides généraux, se portent aux deux extrémités de cette ligne et sur le prolongement des deux jalonneurs.

EXPLICATIONS.	du commandant en chef.	des chefs de bataillon.
	1. *Pour déployer face à gauche.*	1. *Pour déployer face à gauche.*
	2. *Par bat. en masse sur le 3.ᵉ bat. prenez vos distances.*	2. *Par bat. en masse sur le 3.ᵉ bat. prenez vos distances.*
Le 3.ᵉ bat.ᵒⁿ est averti de ne pas bouger.		
Les chefs des 1.ᵉʳ et 2.ᵉ bataillons commandent..	. . . .	3. *Colonne en avant.*
		4. *Guide à dr.*
Ceux des 4.ᵉ et 5.ᵉ b.ᵒⁿˢ leur font faire demi-tour à droite et commandent..	. . . .	3. *Colonne en avant.*
		4. *Guide à g.*

EXPLICATIONS.	COMMANDEMENTS	
	du commandant en chef.	des chefs de bataillon.
L'adj.-maj. du 1.er bat. et celui du dernier dirigent leur 1.er guide un peu en dedans de l'aide-de-camp ou guide général qui se trouvent dev. eux.	3. *Pasaccéléré* = MARCHE..	5. *Pasaccéléré* = MARCHE.
Les distances de divisions plus 6 pas étant prises, deux jalonneurs sont placés en avant du flanc droit de chaque bat.^{on}, sur la ligne de bataille; ensuite le commandant en chef commande :	4. *Par bat. en masse changement de direct. par le flanc dr.*	6. *Par bat. en masse changement de direct. par le flanc dr.* 7. *Bataillon* A DROITE.
	5. *Pasaccéléré* = MARCHE..	8. *Pasaccéléré* = MARCHE.

Après avoir changé de direction, le 3.e bataillon est aligné à gauche, ainsi que ceux qui sont à sa droite; ceux qui sont à sa gauche, sont alignés à droite.

Lorsque le mouvement est achevé, l'on fait rentrer les guides. Les chefs des 1.res div. se portent à la droite.

La colonne peut être formée face à droite par les commandements et moyens inverses; mais alors elle se trouve par inversion et le 1.er commandement doit énoncer : *Pour déployer par inversion face à droite.*

EXPLICATIONS.	COMMANDEMENTS	
	du commandant en chef.	des chefs de bataillon.

Déploiement des masses.

EXPLICATIONS.	du commandant en chef.	des chefs de bataillon.
La ligne étant déployée par bat.^{on} en masse et supposée dans l'ordre naturel, le commandant en chef fait placer 2 jalonneurs devant le 3.e bat.^{on} et envoie en même temps 2 aides-de-camp ou guides généraux aux deux extrémités de la ligne de bataille au delà du point où doivent arriver la droite et la gauche de la ligne, puis il commande :	*1. Sur la 1.re division du 3.e bataillon déployez les masses.....*	
La 1.re div. du 3.e, ainsi que la 4.e div. du 2.e, sont prévenues qu'elles ne bougent pas.		*1. Sur la 1.re division du 3.e bataillon déployez les masses.*
Les chefs des deux 1.ers bataillons ajoutent......	....	*2. Bataillon* = À DROITE.
Ceux des 3.e, 4.e et 5.e.	....	*2. Bataillon* = À GAUCHE.
Tous les chefs de bat.^{on} se placent à 10 pas sur le flanc droit de leur bat.^{on}	*2. Pas accéléré* = MARCHE..	*3. Pas accéléré* = MARCHE.
L'adjudant-major du 1.er et celui du dernier bataillon conduisent leur 1.re ou dernière division un peu en dedans de la ligne de bataille, afin d'éviter de la couper.		

EXPLICATIONS.	COMMANDEMENTS	
	du commandant en chef.	des chefs de bataillon.
Le 3.ᵉ bataillon et le 2.ᵉ déploient de pied ferme, l'un sur sa 1.ʳᵉ division et l'autre sur la 2.ᵉ		
Le 1.ᵉʳ bataillon étant arrivé à 24 pas de la droite du 2.ᵉ, son chef commande....................		1. 4.ᵉ *Divis.* 2. HALTE.
L'adjudant-major du 1.ᵉʳ bat.ᵒⁿ établit 2 jalonneurs face à gauche devant la 4.ᵉ divis., qui est ensuite alignée à gauche par son chef.		
Lorsque le 4.ᵉ bataillon arrive à 24 pas de la gauche du 3.ᵉ, le chef du 4.ᵉ commande...............		1. 1.ʳᵉ *Divis.* 2. HALTE.
L'adjudant-major du 4.ᵉ bataillon se détache à l'avance pour placer 2 jalonneurs, face à droite, et contre lesquels la 1.ʳᵉ division appuie et est alignée à droite par son chef.		
Le 5.ᵉ bat.ᵒⁿ exécute à son tour tout ce qui vient d'être dit pour le 4.ᵉ		
La formation achevée..	3. *Drapeaux* = A VOS PLACES........	3. *Drapeaux* = A VOS PLACES.
Ce mouvement central embrasse tous les cas de déploiement des masses		

E

4

EXPLICATIONS.	COMMANDEMENTS	
	du commandant en chef.	des chefs de bataillon.

Inversions.

Si les bataillons et les divisions étaient déployés par inversions, il faudrait, pour les replacer dans leur ordre naturel, rompre par division à gauche, ou par division en arrière à gauche; la colonne se trouverait ainsi la droite en tête. Si au lieu de rompre, l'on voulait ployer la ligne en colonne serrée par division, sur la 4.ᵉ du 2.ᵉ bat.ᵒⁿ, par exemple, et replacer la droite en tête, le commandant en chef commanderait :

EXPLICATIONS.	du commandant en chef.	des chefs de bataillon.
	1. *Col. serrée par division.*	1. *Col. serrée par division.*
	2. *Sur la 4.ᵉ divis. du 2.ᵉ bat*ᵒⁿ *la gauche en tête en colonne.*	2. *Sur la 4.ᵉ divis. du 2.ᵉ bat*ᵒⁿ *la gauche en tête en colonne.*
Les chefs des deux 1.ᵉʳˢ bataillons ajouteraient.. et feraient déboiter chaque division en avant.	. . . .	3. *Bataillon* ⸗ A DROITE.
Ceux des 1.ᵉʳ, 4.ᵉ, etc. ajouteraient. . . . . et feraient déboiter en arrière.	. . . .	3. *Bataillon* ⸗ A GAUCHE.
	3. *Pas accéléré*	4. *Pas accéléré*
Le mouvement s'achèverait comme il est dit à la page 15.	4. MARCHE.	5. MARCHE.

EXPLICATIONS.	COMMANDEMENTS.	
	du commandant en chef.	des chefs de bataillon.
Si les bataillons seulement se trouvaient par inversion entre eux, on changerait cet ordre de la manière suivante, qui les replacerait dans leur ordre naturel.		
Le commandant en chef commanderait	1. *Rompre par la droite pour marcher vers la gauche*	1. *Rompre par la droite pour marcher vers la gauche.* 2. *Par pelot. à droite.*
Le premier peloton de chaque bataillon, au lieu de rompre comme les autres, se porterait en avant deux fois l'étendue de son front; le commandant en chef commanderait ensuite.................	2. *Pas accéléré* 3. Marche ..	3. *Pas accéléré* 4. Marche.
	4. *Colonne en avant......*	5. *Colonne en avant.* 6. *Guide à gauche.* 7. *Tête de colonne à gauche.*
	5. *Pas accéléré* 6. Marche ..	8. *Pas accéléré* 9. Marche.

Le commandant en chef arrêterait les colonnes lorsque les bataillons seraient tous entrés sur la même direction; il rectifierait la position des guides, comme il est dit à la page 21, et ferait former la colonne à gauche en bataille.

Si au lieu de rompre par la droite pour marcher vers la gauche l'on voulait rompre par la gauche pour marcher vers la droite, tous les commandements seraient inverses; les bataillons se trouveraient dans l'ordre naturel entre eux, mais la colonne aurait la gauche en tête et serait formée à droite en bataille.

Si, au lieu de rompre, l'on voulait ployer la ligne en colonne serrée par division, et replacer la droite en tête, sur la 4.e division du 2.e bataillon, par ex., le commandant en chef donnerait l'ordre au chef de ce bataillon, de le ployer, la droite en tête, sur la 4.e division; celui du 1.er bataillon le ploierait également, la droite en tête, sur la 1.re division et prendrait rang dans la colonne en se plaçant en avant du 2.e Les 3.e, 4.e, etc., après s'être de même ployés, la droite en tête, sur leur 4.e division, prendraient rang dans la colonne en se portant en arrière par la diagonale.

Pour éviter une perte de temps et des marches inutiles, il faut que chaque bataillon soit ployé sur la division la plus rapprochée du bataillon base du mouvement.

Déploiement d'une colonne de 3 à 4 bataill. en masse sans déployer d'abord par masse.

EXPLICATIONS.	COMMANDEMENTS du commandant en chef.	des chefs de bataillon.
Deux jalonneurs sont placés devant la tête de la colonne pour déterminer la ligne de bataille, et les guides généraux des deux extrémités se portent sur leur prolongement au delà du point où doit arriver leur bataillon.		
Le comm. en chef comm.	1. *Sur la 4.e div. du 2.e b. déployez la colonne....*	
La 4.e division du 2.e bat. est avertie de ne pas bouger.		1. *Sur la 4.e div. du 2.e b. déployez la colonne.*
Les chefs des 1.er et 2.e bataillons ajoutent......	....	2. *Bataillon* ᗘ A DROITE.
Les chefs des 3.e et 4.e b.	....	2. *Bataillon* ᗘ A GAUCHE.
L'adjudant-major du 2.e bataillon place un 2.e jalonneur entre les deux premiers.		
Celui du 3.e bataillon établit 2 jalonneurs, face à droite, à distance de division à 24 pas du flanc gauche du 2.e bataillon.		
Tous les chefs de bat. se portent sur le flanc droit de leur bataillon.	2. *Pas accéléré* ᗘ MARCHE...	2. *Pas accéléré* ᗘ MARCHE.

Ce mouvement s'exécute tout naturellement, comme si la colonne eût été d'abord déployée par masse, et lorsque chaque bataillon est arrivé par le flanc à hauteur de l'emplacement que doit occuper sa 1.re division sur la ligne de bataille, il fait *à droite* ou *à gauche* en marchant, et est arrêté lorsque cette division se trouve à 3 pas des jalonneurs établis d'avance par l'adjudant-major, après quoi, il déploie sur cette division.

Il est bien entendu que dès que la 4.e division du 2.e bataillon est démasquée, elle se porte en avant avec le guide à gauche, au commandement de son chef et est alignée de ce côté contre les deux jalonneurs placés à la tête de la colonne.

Si l'on voulait établir la ligne de bataille sur un bataillon de l'intérieur, il suffirait de se conformer à ce qui est prescrit pages 44 et 45.

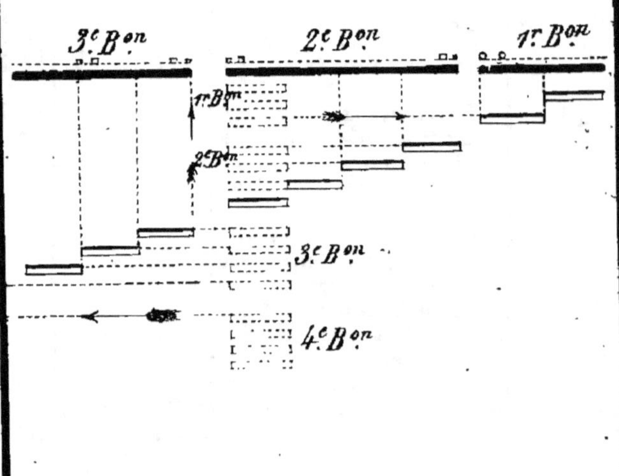

EXPLICATIONS.	COMMANDEMENTS	
	du commandant en chef.	des chefs de bataillon.

Marche en avant d'une ligne de bataillons formés en masse.

EXPLICATIONS.	du commandant en chef.	des chefs de bataillon.
L'adjudant-major de ce bataillon se porte à 3o pas en avant des guides de gauche, leur fait face et se place sur leur prolongement. Le guide général de droite du même bataillon se porte à 6 pas en avant du 1.er guide, et est assuré sur la direction par l'adjudant-major; ce guide général prend des points à terre.	1. 3.e *bat. de direction*...	1. 3.e *bat. de direction.*
	2. *Bataillons en avant*...	2. *Bataillon en avant.*
Les chefs des trois 1.ers bataillons...............	....	3. *Guide à gauche.*
Ceux de tous les autres bataillons...............	....	3. *Guide à droite.*
Le chef de la 1.re division des 4.e et 5.e bat.ons se porte à la gauche de sa division, à la place de son guide, qui recule au 3.e r. L'adjudant-major de chaque bataillon subordonné indique une direction à son 1.er guide, sur		

EXPLICATIONS.	COMMANDEMENTS	
	du commandant en chef.	des chefs de bataillon.
laquelle celui-ci marche en prenant des points à terre.		
	3. *Pasaccéléré* ═ MARCHE.	3. *Pasaccéléré* ═ MARCHE.

Chaque adjudant-major, placé à côté du guide de la 1.re division, conserve 24 pas de distance entre son bataillon et le bataillon voisin du côté de la direction.

Les chefs de bataillon se tiennent sur le flanc de leur bataillon, du côté de la direction.

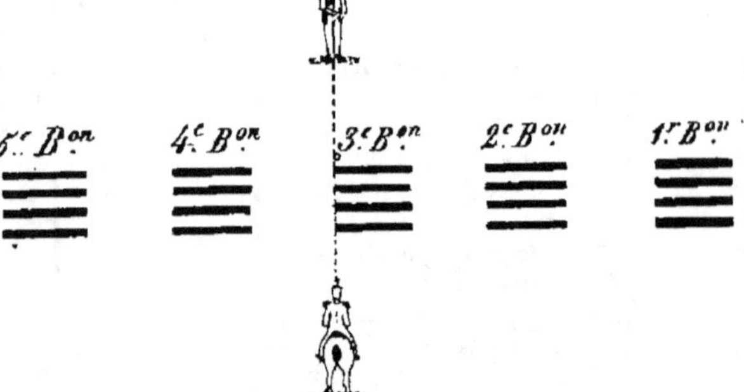

EXPLICATIONS.	COMMANDEMENTS	
	du commandant en chef.	des chefs de bataillon.

Arrêter la ligne marchant en avant, et l'aligner.

EXPLICATIONS	du commandant en chef	des chefs de bataillon
	1. *Bataillons.*	1. *Bataillon.*
Le commandant en chef fait ensuite placer deux jalonneurs devant le ba-taillon de direction, et commande..............	2. HALTE.	2. HALTE.
L'adjudant-major de chaque bataillon place deux jalonneurs devant la 1.re division et sur le prolongement de ceux établis en avant du ba-taillon de direct.on ; après quoi, les chefs de batail-lon, sans se régler les uns sur les autres, ajoutent..	3. *Guides sur la ligne...*	3. *Guides sur la ligne.*
L'alignement se prend du côté de la direction. Le chef de chaque 1.re division, après avoir com-mandé *Fixe*, se porte sur le flanc droit de sa div.on, à la place de son guide, qui recule au 3.e rang.		4. *A droite (ou à gauche)* = ALIGNEM.
Dès que le mouvement est achevé, le comman-dant en chef commande.	4. *Guides* = A VOS PLACES.	5. *Guides* = A VOS PLACES.

La ligne marchant en avant, lui faire changer de direction.

EXPLICATIONS.	COMMANDEMENTS	
	du commandant en chef.	des chefs de bataillon.
Le changement de direction devant avoir lieu à droite, le commandant en chef fait placer, à distance de division, sur la nouvelle ligne, deux jalonneurs, contre lesquels le bataillon de droite doit appuyer, ensuite il commande............	1. *Changem. de direction à droite....*	1. *Changem. de dir. à dr.*
Le chef du 1.er bataillon ajoute..............	....	2. *Guide à g.*
Le chef de la 1.re divis. se porte devant le centre.		3. *Bataillon à droite conversion.*
Tous les autres chefs de bataillon commandent...	....	2. *Guide à droite.*
	2. *Pas accéléré* ═ MARCHE..	4. *Pas accéléré* ═ MARCHE.
L'adjudant - major du 2.e bat.on se porte à l'avance sur la ligne, afin d'y établir deux jalonneurs pour son bat.on, en conservant 24 pas de distance entre le 1.er et le 2.e bat.on		
Lorsque le 1.er bat.on est arrivé à 3 pas de la nouv. ligne de bataille, son chef commande.....	....	1. *Bataillon.* 2. HALTE. 3. *A droite* ═ ALIGNEMENT.

Les antres bataillons se portent vers l'emplacement qu'ils doivent occuper, sur la nouvelle ligne, par de légers changements de direction successifs, du côté du guide, en avançant seulement un peu l'épaule opposée, jusqu'à ce qu'ils soient parallèlement à 3 pas de la ligne.

Tous les adjudants-majors se conforment à leur tour à ce qui a été dit pour celui du 2.ᵉ bataillon.

Lorsque le mouvement est achevé, le commandant en chef fait rentrer les guides.

Si le changement de direction avait lieu à gauche, on observerait les mêmes principes en employant les commandements inverses.

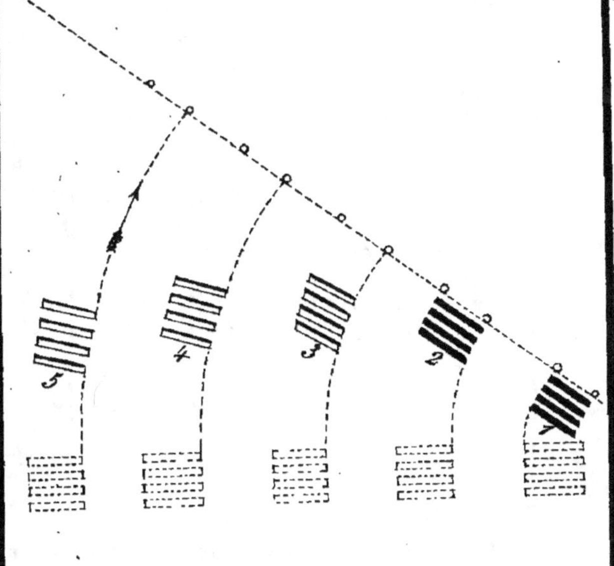

EXPLICATIONS.	COMMANDEMENTS	
	du commandant en chef.	des chefs de bataillon.
Faire marcher la ligne en retraite.		
La ligne étant de pied ferme, le commandant en chef commande.........	1. *Face par le 3.*^e *rang....*	1. *Face par le 3.*^e *rang.*
Le chef de la 4.e division de chaque bataillon se place à la gauche de sa division au 3.e rang.		2. *Bataillon, demi - tour* = A DROITE.
	2. tel *Bat.*^{on} *de direction.*	3. tel *Bat.*^{on} *de direction.*
Le bataill. de direction prend le guide à droite, les autres le prennent du côté de la direction.	3. *Bataillons en avant...*	4. *Bataillon en avant.*
		5. *Guide à dr.* (ou *à gauche*)
	4. *Pas accéléré* = MARCHE..	6. *Pas accéléré* = MARCHE.
Lorsque le commandant en chef veut arrêter la ligne, il commande.....	1. *Bataillons.* 2. HALTE....	1. *Bataillon.* 2. HALTE.
	3. *Face par le 1.*^{er} *rang..*	3. *Face par le 1.*^{er} *rang.*
		4. *Bataillon, demi - tour* = A DROITE.

Le chef de la 4.e division de chaque bataillon se place dans l'ordre en colonne, et celui de la 1.re division dans l'ordre en bataille.

Faire changer de direction à la ligne marchant en retraite.

Dans ce mouvement, le commandant en chef fait placer deux jalonneurs sur la nouvelle ligne, de manière que le 1.er bataillon puisse passer entre eux ; ce bataillon traverse la nouvelle ligne de bataille et marche en arrière jusqu'à ce que sa 1.re division l'ait dépassée de trois pas, après quoi, il est arrêté par son chef, remis face par le 1.er rang et aligné à droite, contre les deux jalonneurs.

Tous les autres bataillons exécutent le même mouvement dès qu'ils approchent de la nouvelle ligne de bataille ; à cet effet, chaque adjudant-major se détache assez à temps pour placer sur la ligne les deux jalonneurs entre lesquels son bataillon doit passer. Dès que la ligne a été traversée par un bataillon, le 2.e jalonneur se rapproche un peu du 1.er, de manière à ce que la 1.re division puisse s'appuyer contre eux en s'alignant.

EXPLICATIONS.	COMMANDEMENTS	
	du commandant en chef.	des chefs de bataillon.

Rompre la ligne par bataillon en masse et la reformer en bataille.

EXPLICATIONS.	du commandant en chef.	des chefs de bataillon.
L'adjudant-major de chaque bataillon place d'abord deux jalonneurs sur une direction perpendiculaire à la ligne de bataille, pour le changement de direction de son bataillon.	1. *Par bat.*^{on} *à droite....*	1. *Par bat.*^{on} *à droite.* 2. *Changem. de direction par le flanc gauche.* 3. *Bataillon* ═ A GAUCHE.
	2. *Pas accéléré* ═ MARCHE..	2. *Pas accéléré* ═ MARCHE.

Le changement de direction de chaque bataillon s'exécute comme à l'école de bataillon, avec cette différence que les divisions sont alignées à droite.

EXPLICATIONS.	COMMANDEMENTS	
	du commandant en chef.	des chefs de bataillon.
Pour reformer la ligne, le commandant en chef fait placer 2 jalonneurs, A et B, sur la nouv. ligne de bataille, et commande.	1. *Face à g. en bataille..* 2. *Par bataillon en masse changement de direction par le flanc droit.*	1. *Face à g. en bataille.* 2. *Par bataillon en masse changement de direction par le flanc droit.*
Chaque adjud.-major place 2 jalonneurs sur le prolongement de ceux A et B. Chaque bataillon est aligné à droite.	3. *Pas accéléré* ═ MARCHE..	3. *Bataillon* ═ A DROITE. 4. *Pas accéléré* ═ MARCHE.

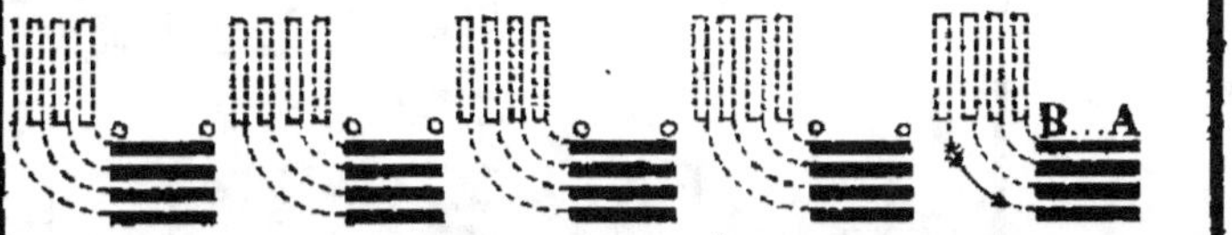

Si le commandant en chef voulait former la colonne en bataille par inversion, il ferait placer les jalonneurs A et B sur la direction des guides de gauche des divisions et l'énoncerait dans son premier commandement, en disant : 1. *Par inversion face à droite en bataille.*

EXPLICATIONS.	COMMANDEMENTS	
	du commandant en chef.	des chefs de bataillon.
Ployer la ligne en colonne serrée.		
Si ce mouvement doit s'exécuter sur le 3.ᵉ bat.ᵒⁿ et la droite en tête, le commandant en chef s'assure que les guides de ce bat.ᵒⁿ sont sur la même direction, et commande..	1. *Par bat.ᵒⁿ en masse sur le 3.ᵉ bat.ᵒⁿ la dr. en tête en colonne.*	
Le 3.ᵉ bataillon est prévenu qu'il ne bouge pas.		1. *Par bat.ᵒⁿ en masse sur le 3.ᵉ bat.ᵒⁿ la dr. en tête en colonne.*
Les chefs des 4.ᵉ et 5.ᵉ bataillons ajoutent......	....	2. *Bataillon demi - tour* = A DROITE.
Ensuite ils commandent tous.............	....	3. *Colonne en avant.*
		4. *Guides à gauche.*
	2. *Pas accéléré* = MARCHE..	5. *Pas accéléré* = MARCHE.

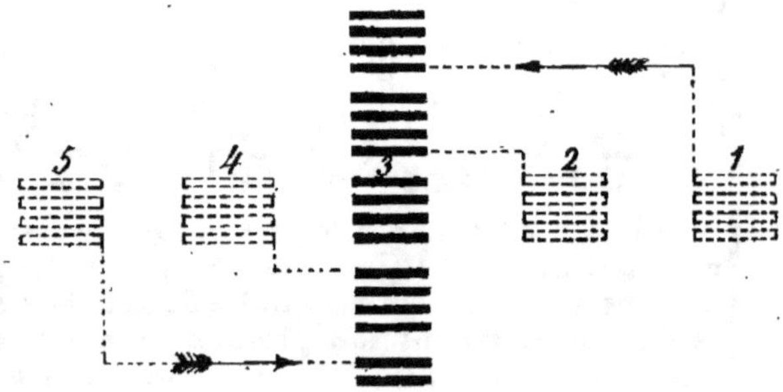

EXPLICATIONS.	COMMANDEMENTS	
	du commandant en chef.	des chefs de bataillon.
Les deux premiers bataillons se portent en avant et marchent jusqu'à ce que leur 4.ᵉ division ait dépassé de 6 pas la 1.ʳᵉ de celui qui est immédiatement avant eux, les chefs commandent…	…………	1. *Par le flanc gauche.* 2. MARCHE. 3. *Guide à gauche.*
Et lorsque leurs guides de gauche arrivent sur le prolongement de ceux du 3.ᵉ bataillon…………	…………	4. *Bataillon.* 5. HALTE. 6. FRONT.
Les guides de gauche font *demi-tour à droite.* L'adjudant-major de chaque bataillon établit les guides de gauche correctement sur le prolongement de ceux du 3.ᵉ Tous les bataillons sont alignés à gauche.		

Les 4.ᵉ et 5.ᵉ bataillons exécutent tout ce qui vient d'être dit pour les deux premiers, après avoir fait demi-tour à droite pour se porter en arrière, et ensuite par le flanc gauche pour entrer dans la colonne.

Lorsque les bataillons sont alignés, les chefs de bataillon font faire demi-tour à droite aux guides qui font face en arrière.

E

5.

EXPLICATIONS.	COMMANDEMENTS	
	du commandant en chef.	des chefs de bataillon.

Marche en bataille d'une ligne déployée.

EXPLICATIONS.	du commandant en chef.	des chefs de bataillon.
Chaque chef de bataillon se conforme à ce qui est prescrit à l'École de bataillon.	1. *3.ᵉ bat. de direction...*	1. *3.ᵉ bat. de direction.*
Celui du bataillon de direction place deux jalonneurs en arrière de son bataillon.		
Les adjudants-majors se portent à 4o pas en avant de la file du drapeau, et les chefs de bataillon à pareille distance en arrière, pour établir la perpendiculaire.		
Le commandant en chef, après avoir chargé un officier du placement successif des jalonneurs, commande..................	2. *Bataillons en avant...*	2. *Bataillon en avant.*
	3. *Pas accéléré* ≡ MARCHE..	3. *Pas accéléré* ≡ MARCHE.

Les bataillons subordonnés doivent maintenir l'intervalle de 24 pas entre eux et le bataillon voisin du côté de la direction, sans chercher à marcher alignés avec lui.

EXPLICATIONS.	COMMANDEMENTS	
	du commandant en chef.	des chefs de bataillon.

Arrêter la ligne et l'aligner.

EXPLICATIONS.	COMMANDEMENTS du commandant en chef.	des chefs de bataillon.
	1. *Bataillons.*	1. *Bataillon.*
	2. HALTE.	2. HALTE.
Le commandant en chef établit le drapeau et le guide général de gauche du bataillon de direction sur la nouvelle ligne de bataille, en se portant devant le porte-drapeau, lequel fait face à droite, ainsi que le guide général de gauche; ensuite il commande :	3. *Drapeaux et guides généraux sur la ligne*.....	
Le guide général de droite du bataillon de direction fait face à gauche et est établi par l'adjudant-major.		3. *Drapeaux et guides généraux sur la ligne.*
Tous les autres drapeaux et guides généraux font face au drapeau du bataillon de direction.		
Les guides font face au drapeau de leur bataillon.	4. *Guides sur la ligne*.....	4. *Guides sur la ligne.*
Tous les chefs de bat.^{on}	....	5. *Sur le centre* = ALIGNEMENT.
Lorsque tous les bataillons sont alignés.........	5. *Drapeaux et guides* = À VOS PLACES.	6. *Drapeaux et guides* = À VOS PLACES.

EXPLICATIONS.	COMMANDEMENTS	
	du commandant en chef.	des chefs de bataillon.
Changement de direction en marchant en bataille.		
Le commandant en chef fait placer deux jalonn.rs vis-à-vis le bataillon de droite, à 5o pas l'un de l'autre, sur la nouvelle ligne, et commande :	1. *Changem. de direction à droite.* 2. MARCHE...	1. *Changem. de direction à droite.* 2. MARCHE.
Chaque bataillon converse jusqu'à ce qu'il soit parallèlement à la nouvelle ligne de bataille, ensuite son chef comm. :	....	3. *En avant.* 4. MARCHE.
Et lorsque chaque bat. arrive à 4 pas de la nouvelle ligne.	....	5. *Bataillon.* 6. HALTE. 7. *Drapeaux et guides généraux sur la ligne.*
Le drapeau et les guides généraux font tous face à droite.		8. *Guides sur la ligne.*
L'adjudant-major de chaque bat. le précède sur la ligne pour y établir deux jalonneurs comme ceux du 1.er, et sur leur prolongement.		9. *Sur le centre* = ALIGNEMENT.

Tous les guides font face au drapeau de leur bat.on ; dès que le 2.e bataillon est aligné, le chef du 1.er fait rentrer ses guides et successivement les autres chefs de bataillon, de manière que la ligne étant formée, il ne reste que les drapeaux, que le commandant en chef fait rentrer par le commandement de DRAPEAUX A VOS PLACES.

EXPLICATIONS.	COMMANDEMENTS	
	du commandant en chef.	des chefs de bataillon.

Marche en bataille en retraite.

	1. *Face en arrière.......*	1. *Face en arrière.*
		2. *2.ᵉ bataill., demi - tour* $=$ A DROITE.
	2. *2.ᵉ bat. de direction...*	3. *2.ᵉ bat. de direction.*
	3. *Bataillons en avant ...*	4. *Bataillon en avant.*
	2. *Pas accéléré* $=$ MARCHE..	5. *Pas accéléré* $=$ MARCHE.

Chaque chef de bataillon se conforme à tout ce qui est prescrit à l'École de bataillon, en observant de conserver l'intervalle de 24 pas qui existe entre son bataillon et le bataillon voisin, du côté de la direction.

Les jalonneurs du bataillon de direction font demi-tour à droite en même temps que le bataillon, et se remplacent successivement et alternativement en avant au fur et à mesure que le bataillon marche.

EXPLICATIONS.	COMMANDEMENS	
	du commandant en chef.	des chefs de bataillon.

Arrêter la ligne marchant en retraite et l'aligner.

	du commandant en chef.	des chefs de bataillon.
	1. Bataillon.	*1. Bataillon.*
	2. HALTE.	*2. HALTE.*
	3. Face en tête	*3. Face en tête*
		4. Bataillon, demi-tour = A DROITE.

L'alignement général se prend ensuite comme il a été expliqué à la page 67.

Changement de direction eu marchant en retraite.

Ce mouvement s'exécute comme il a été expliqué à la page 68, avec cette seule différence que chaque bataillon traverse la nouvelle ligne de bataille et marche jusqu'à ce que le 1.er rang ait dépassé de 4 pas les deux jalonneurs; alors chaque chef de bataillon fait faire demi-tour à droite à son bataillon et le porte sur la ligne par les commandemens et moyens prescrits à ladite page 68, pour le changement de direction en marchant en avant.

EXPLICATIONS.	COMMANDEMENTS	
	du commandant en chef.	des chefs de bataillon.

Marche en bataille d'une ligne de bataillons en colonne.

EXPLICATIONS.	du commandant en chef.	des chefs de bataillon.
Ce mouvement ne s'exécute que lorsque le terrain offre trop de difficultés pour la marche d'une ligne déployée; le commandant en chef commande................	1. *Mouvem. par bataillon.......*	1. *Mouvem. par bataillon.*
L'on peut faire ployer chaque bataillon en colonne double, de préférence serrée en masse, et dans ce cas.............	2. *Colonne double serrée en masse.*	2. *Colonne double serrée en masse.* 3. *Bataillon, à gauche et à droite.*
	3. *Pasaccéléré* = MARCHE..	4. *Pasaccéléré* = MARCHE.

Chaque bataillon exécute ce mouvement ainsi qu'il est expliqué à l'École de bataillon et comme s'il était isolé.

EXPLICATIONS.	COMMANDEMENTS	
	du commandant en chef.	des chefs de bataillon.

Faire marcher la ligne en avant.

EXPLICATIONS.	du commandant en chef.	des chefs de bataillon.
Le commandant en chef vérifie si les guides de droite du bat. de direction sont bien placés perpendiculairem. à la ligne de bat., et rectifie leur position, s'il y a lieu. ensuite il commande.....	1. *2.ᵉ bat. de direction...*	1. *2.ᵉ bat. de direction.*
Les chefs des bataillons subordonnés vérifient si leurs guides du côté de la direction sont placés perpendiculairement à la ligne et se portent à 30 pas en arrière de ces guides. L'adj.-major se porte à pareille dist. en avant. Le chef du bataillon de direction fait placer des jalonneurs en arrière de ses guides, comme dans la marche en bataille d'une ligne déployée..........	2. *Bataillons en avant...*	2. *Bataillon en avant.* 3. *Guide à dr.* (ou *à gauche*)
Le guide général de droite de chaque bataillon se porte à 6 pas en avant du 1.ᵉʳ guide. Le chef de chaque 1.ʳᵉ division se porte au 1.ᵉʳ rang, du côté opposé à la direction...............	3. *Pas accéléré* = MARCHE..	4. *Pas accéléré* = MARCHE.

Les chefs de bataillon se placent sur le flanc de leur bataillon, du côté de la direction.

L'adj.-major de chaque bataillon marche à côté du guide de sa 1.re division, du côté de la direction.

Chaque adjudant marche en arrière des guides, du côté de la direction.

Si l'un des bataillons rencontrait un obstacle, il l'éviterait par une marche de flanc, et ensuite par une marche en avant plus accélérée; dans ce cas, le bataillon voisin, du côté de la direction, conserverait l'intervalle nécessaire.

Pour changer le point de direction d'un bataillon, l'adjudant-major se porte à 3o pas en avant des guides, et se conforme aux signes de son chef de bataillon.

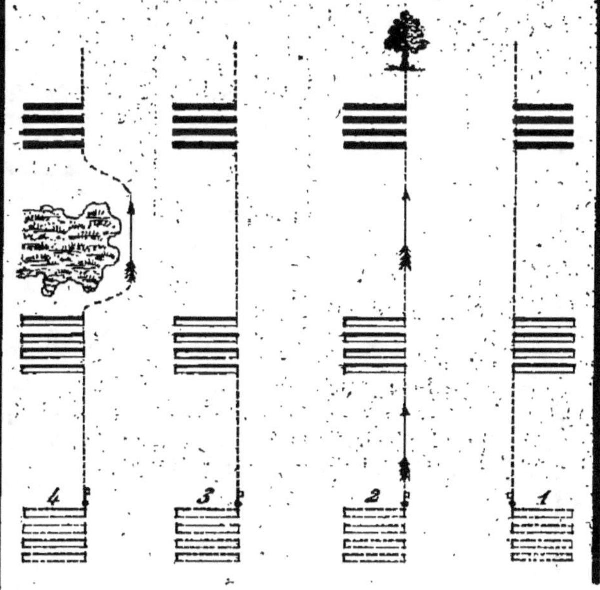

EXPLICATIONS.	COMMANDEMENTS	
	du commandant en chef.	des chefs de bataillon.

Arrêter la ligne et la déployer.

EXPLICATIONS.	du commandant en chef.	des chefs de bataillon.
La ligne étant alignée, le commandant en chef commande............	1. *En masse serrez les co-lonnes.....*	1. *En masse serrez la co-lonne.*
	2. *Pasaccéléré* = MARCHE..	2. *Pasaccéléré* = MARCHE.
	3. *Déployez les colonnes.*	3. *Déployez la colonne.*
		4. *Bataillon* = A DROITE ET A GAUCHE.
	4. *Pasaccéléré* = MARCHE..	5. *Pasaccéléré* = MARCHE.

Ce mouvement s'exécute, dans chaque bataillon, comme il est expliqué à l'École de bataillon, et comme s'il était isolé.

Si les bataillons étaient formés en colonne simple, au lieu de l'être en colonne double, le commandant en chef indiquerait, dans son 3.ᵉ commandement, sur quelle division l'on devrait déployer.

EXPLICATIONS.	COMMANDEMENTS	
	du commandant en chef.	des chefs de bataillon.

La ligne marchant en avant, lui faire changer de direction.

Le commandant en chef fait placer deux jalonneurs sur la nouvelle ligne et sur l'emplacement que doit occuper le 1.er bataillon.

Deux aides-de-camp ou guides généraux vont en même temps sur la ligne déterminer le point où doivent arriver les 2.e et 3.e bataillons; lesquels sont ensuite remplacés par les adjudants-majors, qui se détachent à 100 pas au moins pour établir deux jalonneurs face à droite devant leur 1.re division; ensuite le commandant en chef commande......

1. *Changem. de direction à droite....*

1. *Changem. de direction à droite.*
2. *Bataillon guide à dr.*

Le chef de chaque 1.re division se porte au centre et le guide général rentre.

2. MARCHE...

3. MARCHE.

Le 1.er bataillon s'appuie contre les jalonneurs et est aligné à droite.

Les autres bataillons se dirigent sur la ligne par la diagonale et à l'aide de légers changements de direction, jusqu'à ce que la 1.re division arrive à 3 pas de la ligne de bataille.

La formation achevée, l'on fait rentrer les guides.

EXPLICATIONS.	COMMANDEMENTS du commandant en chef.	des chefs de bataillon.
Faire marcher la ligne en retraite et la remettre face par le 1.er rang.		
Le chef de la 4.e division de chaque bataillon se porte au 3.e rang devenu 1.er, du côté opposé à la direction ; celui de la 1.re se place dans l'ordre en colonne.	1. *Face par le 3.e rang....* 2. *tel Bat.^{on} de direction.* 3. *Bataillons en avant...*	1. *Face par le 3.e rang.* 2. *Bataillon demi - tour* = A DROITE. 3. *tel Bat.^{on} de direction.* 4. *Bataillon en avant.* 5. *Guide à dr. (ou à gauche)*
Tous les principes de la marche en retraite sont les mêmes que ceux de la marche en avant, p. 72. Les jalonn. placés derrière le bataillon de direction se remplacent et se succèdent en avant.	4. *Pas accéléré* = MARCHE..	6. *Pas accéléré* = MARCHE.
Pour remettre la ligne face par le 1.er rang.....	1. *Face par le 1.er rang..*	1. *Face par le 1.er rang.*
Les chefs des 1.re et 4.e divisions reprennent la place qu'ils occupaient avant le mouvement.		2. *Bataillon demi - tour* = A DROITE.

EXPLICATIONS.	COMMANDEMENTS	
	du commandant en chef.	des chefs de bataillon.

La ligne marchant en retraite, lui faire changer de direction.

Le mouvement s'exécute comme dans la marche en avant, page 75, avec cette différence que les deux jalonneurs placés par le commandant en chef sont assez espacés pour que le 1.ᵉʳ bataillon puisse passer entre eux, et couper ainsi la ligne de bataille jusqu'à ce que la 1.ʳᵉ division l'ait dépassée de 3 pas; alors le bataillon est arrêté, remis face par le 1.ᵉʳ rang et aligné à droite contre les deux jalonneurs placés par l'adjudant-major entre les deux premiers.

Il en est de même de tous les autres bataillons, au fur et à mesure qu'ils arrivent vers la ligne de bataille.

Ce sont les adjudants-majors qui se détachent à 100 pas au moins pour établir leurs jalonneurs face et sur le prolongement des deux premiers.

Passage du défilé en avant.

La ligne est supposée déployée marchant en bataille et rencontrant un défilé vis-à-vis l'intervalle qui sépare le 3.ᵉ bataillon du 2.ᵉ	*1. Pour passer le défilé en avant par la droite du 3.ᵉ bataillon.*	*1. Pour passer le défilé en avant par la droite du 3.ᵉ bataillon.*
Si le défilé peut donner passage à une division, l'on rompt par pelotons, et par sections, s'il ne		

EXPLICATIONS.	COMMANDEMENTS	
	du commandant en chef.	des chefs de bataillon.
donne passage qu'à un peloton, dans ce cas.....	2. *Par section à gauche et à droite.*	2. *Par section à gauche et à droite.*
Les chefs des 2 premiers bataillons ajoutent.......	....	3. *Par section à gauche.*
Ceux de tous les autres bataillons...............	....	3. *Par section à droite.*
Les bat. étant rompus, le commandant en chef fait placer 2 jalonneurs, A et B, au point où les sections doivent changer de direction pour entrer dans le défilé, et commande.................	3. *Pas accéléré* = MARCHE...	4. *Pas accéléré* = MARCHE.
La 1.re sect. du 3.e bat. et la dernière du 2.e changent de direction et marchent à côté l'une de l'autre avec les 2 guides au centre et les chefs de section en avant; il en est de même de toutes les autres.	4. *Colonne en avant......* 5. *Pas accéléré* = MARCHE.	5. *Col. en av.* 6. *Guide à dr.* (ou à gauche) 7. *Pas accéléré* = MARCHE.

Lorsque le défilé se rétrécit, l'on met des files en arrière, dans chaque section, du côté opposé au guide.

Si le défilé s'élargit, l'on forme les pelotons et l'on marche alors par division; chaque chef de peloton à la tête de son peloton.

A la sortie du défilé le commandant en chef fait placer deux jalonneurs, A et B, devant la colonne de droite, et deux autres, C et D, sur le même prolongement devant celle de gauche, en observant de laisser 24 pas d'intervalle entre les deux colonnes, lesquelles viennent serrer en masse contre leurs jalonneurs.

Les bataillons qui se trouvent en arrière des 2.e et 3.e changent de direction à droite ou à gauche, à la sortie du défilé, et se portent, par la diagonale, vis-à-vis l'emplacement qu'ils doivent occuper, et lorsqu'ils arrivent près de la ligne, ils s'y forment, ceux de droite, sur la gauche en bataille, et ceux de gauche, sur la droite en bataille.

Les 2.e et 3.e bataillons serrent en masse et déploient, le 2.e, sur son 8.e peloton, et le 3.e, sur son 1.er peloton.

S'il y avait un bataillon impair, il passerait le défilé en colonne simple derrière les autres.

Si, au lieu de se former en avant, l'on voulait appuyer la droite de la ligne au défilé, il faudrait arrêter les colonnes dès que les dernières subdivisions en seraient sorties, alors tous les bataillons de la colonne de droite se formeraient à droite en bataille, et ceux de la colonne de gauche sur la droite en bataille.

Si, au contraire, l'on voulait y appuyer la gauche, les bataillons de la colonne de gauche se formeraient à gauche en bataille, et ceux de la colonne de droite sur la gauche en bataille.

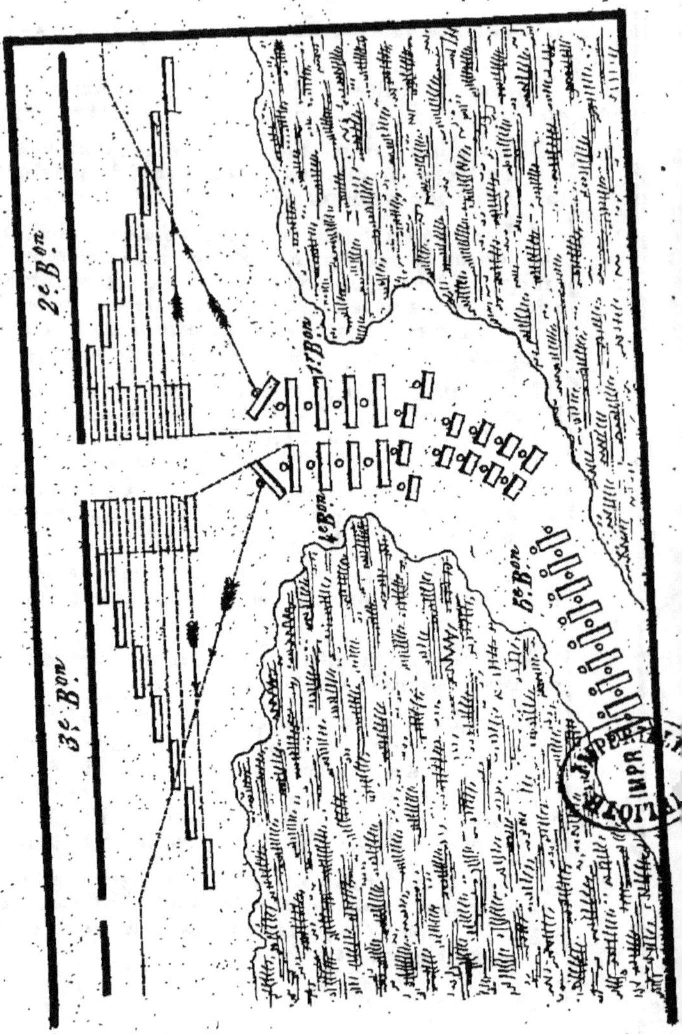

3e Bon
2e Bon
4e Bon
1er Bon
5e Bon

EXPLICATIONS.	COMMANDEMENTS	
	du commandant en chef.	des chefs de bataillon.

Passage du défilé en retraite.

La ligne marchant en retraite et rencontrant un défilé devant son centre, qui peut donner passage à un peloton de front, le commandant en chef l'arrêtera et la remettra face en tête, après quoi il fera placer deux jalonneurs à 15 ou 20 pas en arrière des serre-files, devant le défilé et à un peu plus que distance de peloton, l'un de l'autre; ensuite il commandera:

	1. *En arrière par les deux ailes passez le défilé.*	1. *En arrière par les deux ailes passez le défilé.*
Le chef du 1.er bataillon ajoute............	....	2. *En arrière par l'aile dr. passez le défilé.*
Celui du dernier bat.on Chaque bat.on exécute tout ce qui est prescrit à l'École de bataillon.	....	2. *En arrière par l'aile g. passez le défilé.*

Les deux colonnes marchant à la rencontre l'une de l'autre, viennent tourner autour des jalonneurs, A et B, et les sections réunies avec les deux guides au centre et leurs chefs en tête ne forment qu'un peloton.

Si le défilé se rétrécit, l'on met des files en arrière

E   6

du côté opposé aux guides ; s'il s'élargit, l'on forme les pelotons.

Si le commandant en chef veut faire reformer la ligne, face au défilé, il place deux jalonneurs pour déterminer la ligne de bataille ; les bataillons de droite en arrivant près de ces jalonneurs, prennent le guide à gauche et ceux de gauche le guide à droite ; les premières subdivisions traversent la ligne de bataille et ne changent de direction à gauche et à droite que lorsqu'elles ont dépassé de 4 pas les jalonneurs ; les guides généraux et les drapeaux sortent sur le flanc des colonnes et se prolongent sur la ligne jalonnée au loin par des officiers à cheval. Chaque colonne est arrêtée par son chef sur le terrain qu'elle doit occuper en bataille ; celles qui ont la gauche en tête exécutent aussitôt après la contre-marche, et toutes sont ensuite formées la gauche en bataille.

Si le défilé ne se trouvait pas précisément vis-à-vis le centre, et qu'il y eût un bataillon de plus d'un côté que de l'autre, ce bataillon passerait le défilé en colonne simple et exécuterait tout ce qui vient d'être dit pour les autres ; bien entendu qu'il passerait le premier.

Si, par exemple, le nombre des bataillons était de 8 et que l'on voulût en mettre 5 à droite et 3 à gauche du défilé, les trois derniers seraient arrêtés et formés à droite en bataille dès que leur extrême gauche serait à distance de peloton du point où elle devrait appuyer. Les 4 premiers continueraient à marcher, et le 5.ᵉ, au lieu de suivre le mouvement du 4.ᵉ, serrerait en masse sur le peloton de la tête, de manière que le dernier peloton, après avoir serré, se trouve à 3 pas en dedans de la ligne de bataille : ce bataillon ferait la contre-marche et serait déployé sur son dernier peloton, de manière que la gauche soit à 24 pas de la droite du 6.ᵉ bataillon. Les 4 premiers bataillons seraient arrêtés au moment où la gauche du 4.ᵉ arriverait à 24 pas de la droite du 5.ᵉ, supposé déployé, et seraient formés à gauche en bataille.

Si le défilé se trouvait vis-à-vis l'une des extrémités de la ligne, le mouvement commencerait par l'aile opposée, et dans ce cas, le commandant en chef commanderait : *En arrière par l'aile droite (ou par l'aile gauche) passez le défilé.*

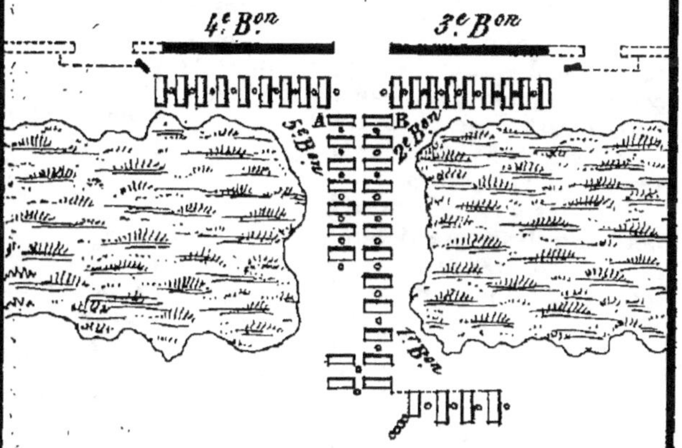

EXPLICATIONS.	COMMANDEMENTS	
	du commandant en chef.	des chefs de bataillon.

Changements de front sur une ligne perpendiculaire en avant.

EXPLICATIONS.	du commandant en chef.	des chefs de bataillon.
Le commandant en chef détermine la nouv. ligne en plaçant 2 jalonneurs en avant du 1.er bataillon, ensuite il commande : Le chef du 1.er bat.on, sans attendre aucun autre commandement, fait exécuter de suite un changement de front en avant sur son 1.er peloton.	1. *Changem. de front en avant sur le 1.er bataill.*	1. *Changem. de front en avant sur le 1.er bataill.*
Tous les autres forment leur bataillon en colonne double à distance de peloton, et comm. ensuite :	. . . .	2. *Colonne en avant.* 3. *Guide à dr.*
L'adj.-major de chaque bat.on se porte à l'avance	2. *Pas accéléré* = MARCHE . .	4. *Pas accéléré* = MARCHE.

sur la ligne pour indiquer le point où doit appuyer la droite de la division de la tête de la colonne ; le guide de cette division se dirige de manière à arriver à sa hauteur, et à une distance égale à la profondeur de la colonne en arrière de la ligne. La tête de chaque colonne, arrivée là, tourne à droite, est arrêtée à 3 pas de la ligne, la colonne serrée en masse, et déployée.

La formation achevée, l'on fait rentrer les drapeaux.

Ce mouvement s'exécuterait en avant, sur le bat.on de gauche, d'après les mêmes principes et par les commandements inverses.

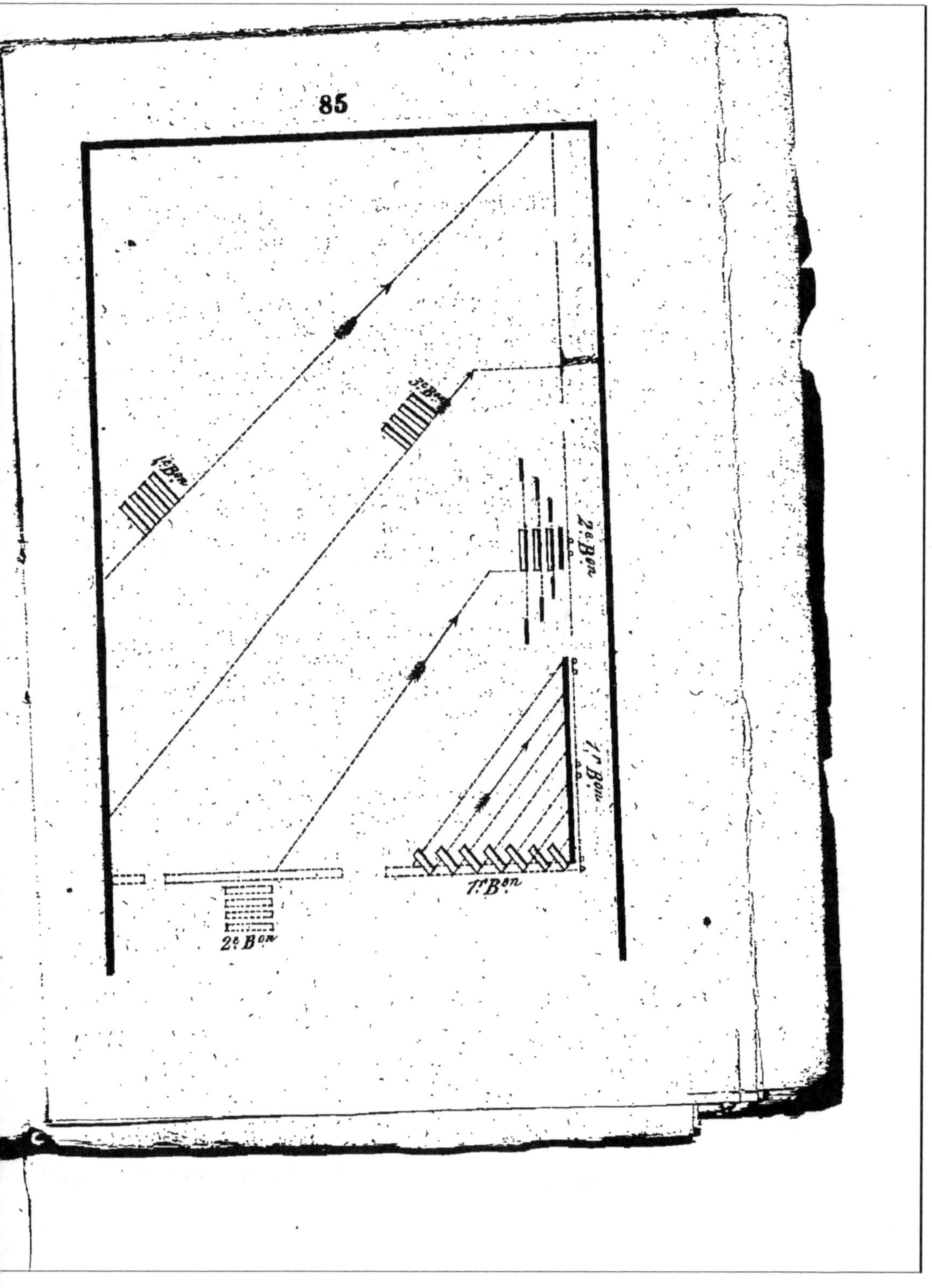

85
4.e B.on
3.e B.on
2.e B.on
1.er B.on
1.er B.on
2.e B.on

Changement de front perpendiculaire
en arrière sur une ligne.

Les deux jalonneurs étant placés, dans la supposition que le changement de front s'exécute sur le 1.er bataillon et le premier commandement général fait et répété, le chef de ce bataillon, sans attendre aucun autre commandement, lui fait exécuter de suite un changement de front en arrière sur son 1.er peloton.

Les autres bataillons sont formés en colonne double à distance de peloton, mis face par le 3.e rang, puis les chefs de ces bataillons commandent : *Colonne en avant, Guide à gauche.*

Tout le reste s'exécute comme dans le mouvement précédent, avec cette différence que chaque colonne traverse la ligne de bataille, qu'elle est arrêtée lorsque la division de la tête l'a dépassée de 24 pas, serrée en masse, remise face par le 1.er rang et déployée.

Le mouvement sur la gauche de la ligne s'exécuterait par les commandements et moyens inverses.

Changement de front central sur une ligne.

Le mouvement est composé d'un changement de front en avant et d'un en arrière.

Si, par exemple, il était indiqué sur le 3.e bat.^{on} l'aile gauche en avant, le chef de ce bataillon ferait toutes les dispositions nécessaires, ainsi que celui du 2.e bataillon, pour exécuter ce qui est prescrit à l'École de bataillon ; le 1.er pour un changement de front en avant sur son 1.er peloton, et le 2.e pour un changement de front en arrière sur son 8.e peloton.

Tous les autres bataillons sont formés en colonne double à distance de peloton : ceux de droite font ensuite face par le 3.e rang.

Tous se conforment ensuite aux principes énoncés aux changements de front en avant et en arrière, selon leur position respective.

Pour porter l'aile droite en avant, on emploie les commandemens et moyens inverses.

Changement de front sur deux lignes perpendiculaires en avant sur la droite de la 1.re ligne.

La première ligne exécute absolument tout ce qui a été expliqué à la page 84.

Pour la seconde ligne, le commandant en chef détermine d'abord le nombre de pas qui doit la séparer de la première; un officier désigné marche ce nombre de pas le long, et à partir de la droite de la première ligne, et s'arrête; alors il place trois jalonneurs, A, B et C, à 100 pas l'un de l'autre et dans une direction perpendiculaire en avant de la première ligne.

Tous les bataillons qui se trouvent en avant de la droite de cette nouvelle deuxième ligne, rompent par peloton à gauche et viennent par un changement de direction en marchant, se former à droite en bataille sur la nouvelle ligne. Tous les autres bataillons sont formés en colonne double, mis en marche vers la ligne, par la diagonale, avec le guide à droite et déployés comme il a été dit dans le premier exemple, page 84.

Ce mouvement en avant sur la gauche de la 1.re ligne s'exécuterait par les commandements et moyens inverses.

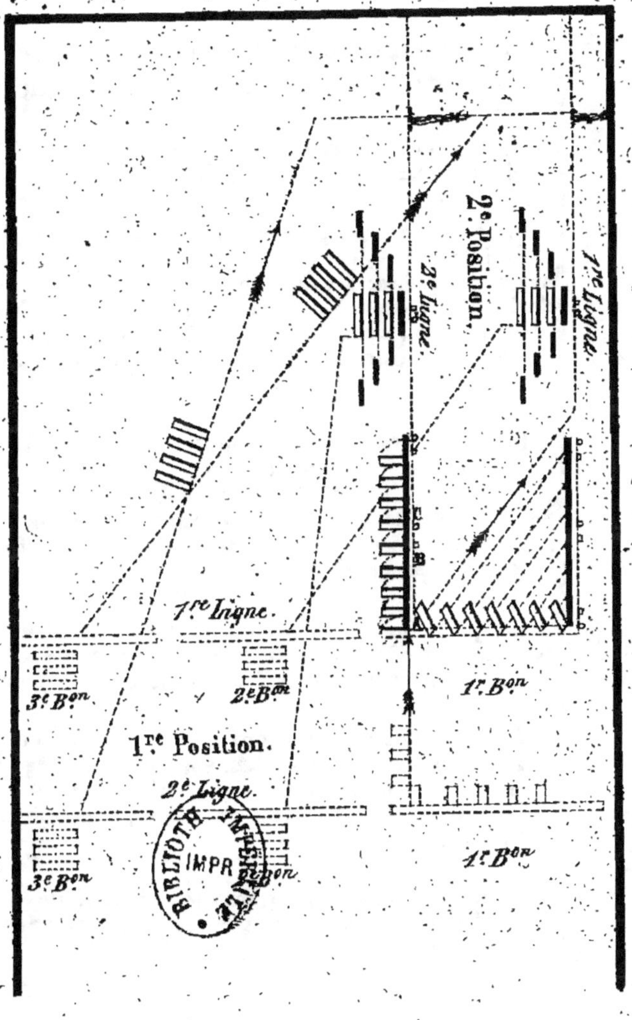

1re Ligne.
2e Position.
2e Ligne.
1r. Bon
1r. Bon
1re Ligne.
2e Bon
1re Position.
2e Ligne.
3e Bon
3e Bon

Changement de front perpendiculaire en arrière sur la droite de la 1.re ligne.

Ce mouvement s'exécute, quant à la 1.re ligne, ainsi qu'il est expliqué à la page 84.

Pour la 2.e ligne, un officier est chargé de placer trois jalonneurs, comme il est dit à la page 88, après avoir compté ses pas en se prolongeant sur et à partir de la droite du 1.er bataillon vers le point A, et en plaçant trois jalonneurs, B, C, D, à 100 pas l'un de l'autre dans une direction perpendiculaire en arrière de la 1.re ligne.

Les bataillons de droite, dont l'étendue est égale à la distance qui sépare les deux lignes, rompent par peloton à droite, marchent en colonne vers la nouvelle ligne, la traversent, changent de direction à gauche, se prolongent sur cette ligne, et y sont formés la gauche en bataille.

Les pelotons qui ne seraient pas encore entrés dans la nouvelle direction, au moment où la colonne est arrêtée, seraient formés face en arrière en bataille.

Tous les autres bataillons sont formés en colonne double, mis face par le 3.e rang, dirigés diagonalement vers la ligne de bataille, qu'ils coupent et dépassent de trois pas, serrés en masse, remis face par le 1.er rang et déployés.

Ce mouvement, en arrière sur la gauche de la première ligne, s'exécuterait par les commandements et moyens inverses.

1re Position.
2e Bon
1r Bon
1r Bon
1r Bon
1r Bon
A
B
2e Bon
2e Ligne.
3e Bon
1re Ligne.
3e Bon
2e Ligne
1re Ligne.
2e Position.
2e Ligne.
2e Bon
2e Bon

Changement de front sur un bataillon du centre de la première ligne, l'aile gauche en avant.

Les principes qui ont été expliqués pour les changements de front sur les extrémités des lignes, sont les mêmes; il suffit d'en faire l'application. Par exemple : si l'on veut changer de front sur le 3.e bataillon de la 1.re ligne, l'aile gauche en avant, le commandant en chef établit trois jalonneurs sur la nouvelle ligne à 100 pas de distance et vis-à-vis le 3.e bataillon, lequel exécute son mouvement de pied ferme, ainsi que le second, qui se jette dans son alignement par un changement de front en arrière sur son 8.e peloton. Tous les autres bataillons se forment en colonne double pour se porter en avant ou en arrière, selon leur position respective. Quant à la 2.e ligne, elle est déterminée par un officier qui, partant de la droite du 3.e bataillon, parcourt 100 pas le long de son front, après quoi il s'arrête, et place à 100 pas de distance, dans une direction perpendiculaire, trois jalonneurs.

Tous les bataillons qui se trouvent en avant de la droite de cette nouvelle 2.e ligne, tracée par les jalonneurs, font par peloton à gauche, changent de direction à droite et marchent le long de la ligne, jusqu'à ce que la droite du 3.e bataillon se trouve vis-à-vis le bataillon correspondant de la 1.re ligne; alors ils sont arrêtés et formés à droite en bataille. Si des bataillons ou pelotons n'étaient pas entrés dans la nouvelle direction, ils seraient formés face en arrière en bataille.

Tous les bataillons qui se trouvent à la gauche de la même ligne se forment en colonne double et se portent vers l'emplacement qu'ils doivent occuper sur cette ligne par la diagonale.

Dans tous ces mouvements, lorsqu'il y a des aides-de-camp, ils prolongent les lignes et marquent le point où doit arriver chaque bataillon; à défaut d'aides-de-camp, les adjudants-majors se détachent sur la ligne, au moins 100 pas à l'avance.

Si l'aile droite était portée en avant, l'officier chargé de déterminer la 2.ᵉ ligne, se conformerait à ce qui est expliqué à la page 88, 2.ᵉ alinéa.

Changements de front obliques sur deux lignes.

Tous les principes déjà expliqués, pour les changements de front perpendiculaires sur deux lignes, sont applicables aux changements de front obliques; il n'y a d'autre différence que dans la manière de déterminer ces lignes.

Le commandant en chef, placé à la droite du bataillon qu'il a choisi, prend un point éloigné dans la campagne, et charge l'adjudant-major du bataillon de marcher à 50 pas le long du front et vers la gauche de ce bataillon, après quoi il tourne à droite et marche perpendiculairement en avant en comptant les pas; il est arrêté par le commandant en chef lorsqu'il arrive sur la direction qu'il a choisie.

Le commandant en chef place ensuite trois jalonneurs à 100 pas l'un de l'autre sur cette nouvelle ligne,
l'adjudant-major se retire, l'opération qu'il vient de
faire ne servant qu'à mesurer l'ouverture de l'angle
pour guider le mouvement de la 2.e ligne.

Pour cette 2.e ligne, un officier désigné marche 200
pas, par exemple, le long de la droite de la 1.re, et
place un premier jalonneur A (fig. 1.re), plus 5o pas;
ensuite il fait à droite et marche perpendiculairement
en avant le même nombre de pas qu'a marché l'adjudant-major, pour la 1.re ligne, et s'arrête.

Le commandant de la 2.e ligne, placé à la droite,
c'est-à-dire près du jalonneur A, établit à 100 pas de
distance deux autres jalonneurs B et C sur la ligne
qui, partant de la droite, irait passer sous les pieds de
l'adjudant-major qui a mesuré l'angle : il est évident
que, par ce procédé, les deux lignes sont parallèles.
Ceci s'applique aux mouvements qui ont lieu sur les
ailes, comme sur un bataillon du centre.

Dans les changements de front obliques en arrière,
on observe les mêmes principes; l'adjudant-major
marche perpendiculairement en arrière au lieu de
marcher en avant, pour mesurer l'angle, avec cette
différence que celui qui doit marcher 25o pas le long
du front, pour la 2.e ligne, marche du côté opposé,
c'est-à-dire qu'il tourne le dos à la droite du bataillon.
(Page 9o, 2.e alinéa.)

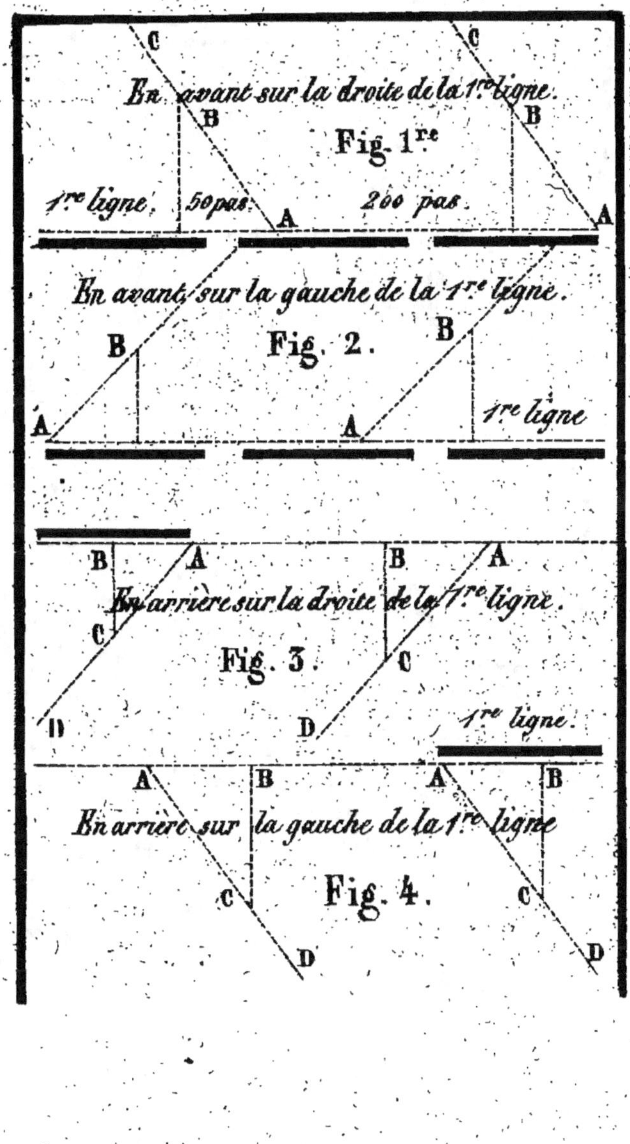

C
C
En avant sur la droite de la 1re ligne.
Fig. 1re
B
B
1re ligne. 50 pas 200 pas
A
A

En avant sur la gauche de la 1re ligne.
B
B
Fig. 2.
1re ligne
A
A

B
A
B
A
En arrière sur la droite de la 1re ligne.
C
Fig. 3.
C
D
D
1re ligne.

A
B
A
B
En arrière sur la gauche de la 1re ligne
C
C
Fig. 4.
D
D

EXPLICATIONS.	COMMANDEMENTS du commandant en chef.	des chefs de bataillon.

Ordre en échelons.

Échelons directs en avant.

EXPLICATIONS.	COMMANDEMENTS du commandant en chef.	des chefs de bataillon.
La ligne étant en bataille, le commandant en chef commande.........	1. *Échelons par bataillon* (à tant de pas). 2. *En avant par la droite formez les échelons.*	1. *Échelons par bataillon* (à tant de pas). 2. *En avant par la droite formez les échelons.*

Le commandant du 1.er bataillon, après avoir fait placer deux jalonneurs derrière pour assurer sa direction, se met en marche; celui du 2.e bataillon compte le nombre de pas déterminé, et met également son bataillon en marche; en même temps un serre-file de son 1.er peloton se porte en A, sur la droite et vis-à-vis la dernière file du 1.er bataillon, et marche sur les traces de cette file; il sert à indiquer la distance à conserver entre le 1.er et le 2.e bataillon. Il en est de même pour tous les autres bataillons.

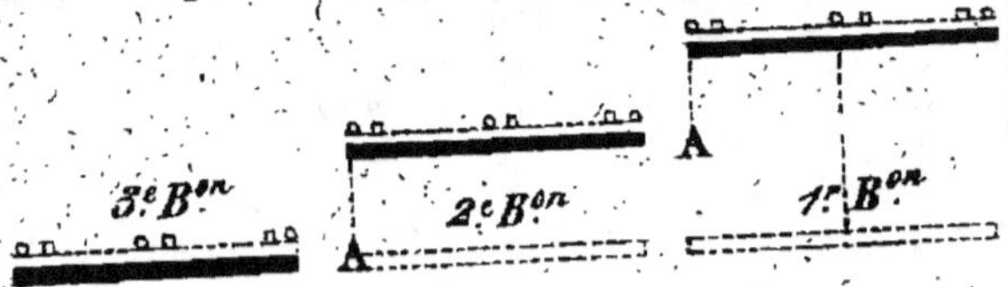

3.e B.on

2.e B.on

A

1.er B.on

A

EXPLICATIONS.	COMMANDEMENTS	
	du commandant en chef.	des chefs de bataillon.

Si le commandant en chef veut reformer la ligne, il fait arrêter le 1.er échelon et détermine la ligne de bataille en faisant sortir le drapeau et les guides généraux aux commandements du chef de bataillon, lesquels font tous face à droite.

Les autres échelons sont arrêtés successivement à 4 pas de la ligne de bataille et alignés de même.

L'on forme les échelons en avant par la gauche d'après les mêmes principes.

Si les bataillons étaient formés en colonne, le serre-file A marcherait derrière et sur la trace des guides du bataillon voisin, du côté où le mouvement commence.

Si l'on voulait arrêter les échelons dans la position où ils se trouvent, il faudrait en prévenir ceux qui les commandent.

Échelons directs en retraite.

	1. Échelons par bataillon (à tant de pas	1. Échelons par bataillon (à tant de pas
	2. En retraite par la droite formez les échelons . . .	2. En retraite par la droite formez les échelons.

E

Le 1.er bataillon fait demi-tour à droite, et est mis en marche en retraite.

Le 2.e ne commence le même mouvement qu'au moment où le 1.er a atteint la distance indiquée, et ainsi de suite des autres bataillons.

Le serre-file désigné, dans chaque bataillon, marche à hauteur de son bataillon et dans les traces de la dernière file du bataillon qui le précède.

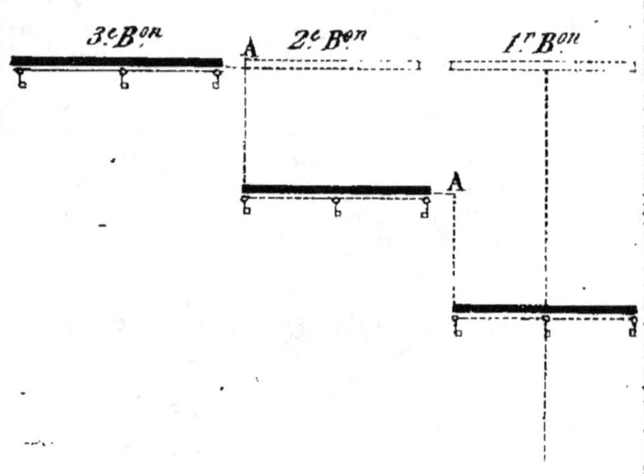

Lorsque l'on veut reformer la ligne, les échelons dépassent la nouvelle ligne d'au moins 4 pas, sont remis face en tête et alignés par les moyens indiqués à l'École de bataillon.

Échelons obliques.

Pour exécuter ce mouvement, chaque bataillon doit d'abord exécuter un changement de front sur son premier ou sur son dernier peloton; mais afin que l'angle soit le même dans tous les bataillons, le commandant en chef prescrit à l'adjudant-major du premier ou du dernier de marcher 5o pas le long du front, de faire à droite ou à gauche, et de marcher ensuite perpendiculairement, en comptant les pas jusqu'à ce qu'il l'arrête sur la direction.

Lorsque l'ouverture de l'angle est déterminée, il en est fait part à tous les chefs de bataillon, afin qu'ils s'y conforment.

Lorsque les changements de front sont exécutés, les bataillons croisent nécessairement l'un derrière l'autre; pour se décroiser, ils rompent en arrière à droite ou à gauche. Le guide général de droite ou de gauche, selon le cas, se porte en avant sur la direction des guides de son bataillon. La colonne est mise en marche, et arrêtée lorsque le bataillon est séparé de celui qui le précède par un intervalle de 24 pas, et formée à droite (ou à gauche) en bataille.

Dès que les échelons sont reformés, ils se mettent successivement en marche, en observant tout ce qui a été dit pour les échelons directs.

EXPLICATIONS.	COMMANDEMENTS du commandant en chef.	des chefs de bataillon.
Retraite en échiquier.		
Le commandant en chef désigne deux officiers supérieurs pour commander, l'un, les bataillons impairs, et l'autre, les bataillons pairs, ensuite il commande............	1. *Retraite en échiquier...*	1. *Retraite en échiquier.*
	2. *Bat. pairs (ou impairs) commencez le mouvem..*	2. *Bat. pairs (ou impairs) commencez le mouvem.*
Tous les commandements qui suivent ne sont faits que par le commandant des bataillons désignés et répétés par les chefs de ces mêmes bataillons.	3. *Bat. pairs (ou impairs) face en arr..*	3. *Bat. pairs (ou impairs) face en arr.*
		4. tel *Bat. demi-tour* = A DROITE.
	4. tel *Bat. de direction...*	5. tel *Bat. de direction.*
	5. *Bataillons en avant...*	6. *Bataillon en avant.*
	6. *Pas accéléré* = MARCHE..	7. *Pas accéléré* = MARCHE.

Les bataillons désignés marchent en arrière, jusqu'au point que leur indique le commandant en chef, où étant arrivés, ils s'arrêtent, se remettent face en tête et se raccordent, sans cependant s'astreindre à être à hauteur du bataillon de direction.

Lorsque ces bataillons se remettent face en tête, ceux restés sur la ligne commencent leur mouvement, c'est-à-dire qu'ils font demi-tour à droite, que le bataillon de direction est indiqué et qu'ils se mettent en marche; ils sont ensuite arrété au point que leur indique le commandant en chef, remis face en tête et raccordés. Les autres bataillons recommencent leur mouvement, et ainsi de suite alternativement.

Les bataillons subordonnés marchent à hauteur du bataillon de direction, et les chefs de bataillon ont l'attention de les diriger dans l'intervalle des bataillons qui se sont déjà portés en arrière.

Les bataillons subordonnés conservent, en marchant, l'intervalle qui doit les séparer du bataillon voisin du côté de la direction.

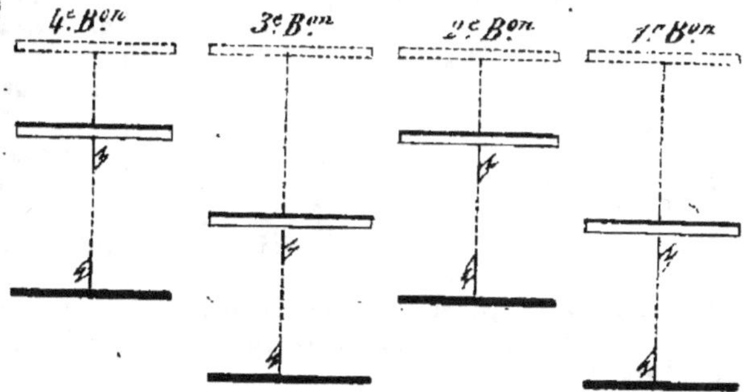

Pour faire reformer la ligne, le commandant en chef fait battre un rappel par les tambours de l'un des bataillons, lequel est répété par tous les autres, les bataillons en marche s'arrêtent dans les intervalles de ceux de pied ferme, sont remis face en tête et rectifient leur alignement.

EXPLICATIONS.	COMMANDEMENTS du commandant en chef.	des chefs de bataillon.

Passage des lignes en retraite.

Le commandant en chef ordonne au commandant de la 2.ᵉ ligne de faire former ses bataillons en colonne double serrée en masse et de marcher par le flanc droit ou gauche, jusqu'à ce que les colonnes se trouvent vis-à-vis les intervalles qui séparent les bataillons de la 1.ʳᵉ ligne, après quoi le commandant de la 1.ʳᵉ ligne commande.............. **1. *Passage des lignes en retraite.*......**

Les chefs de bataillon de la 1.ʳᵉ ligne répètent seuls ce commandement et ajoutent ....

1. *Passage des lignes en retraite.*

2. *Bataillon demi-tour* == A DROITE.

2. *Bataillons en avant...* **3. *Bataillon en avant.***

3. *Pas accéléré* == MARCHE.. **4. *Pas accéléré*** == MARCHE.

Le porte-drapeau des bataillons de la 1.ʳᵉ ligne se dirige vers le milieu de l'intervalle des bataillons de la 2.ᵉ ligne.

A 40 pas de cette 2.ᵉ ligne, les chefs de bataillon de la 1.ʳᵉ ligne font faire obstacle à leurs 1.ᵉʳ et 8.ᵉ pelotons et les font rentrer aussitôt qu'ils ont dépassé la 2.ᵉ ligne.

Les chefs de bataillon de cette 2.ᵉ ligne, sans se régler l'un sur l'autre, font déployer leur colonne dès que la 1.ʳᵉ ligne les a dépassés. Aussitôt que la 1.ʳᵉ ligne est arrivée sur le terrain indiqué, elle est remise face en tête.

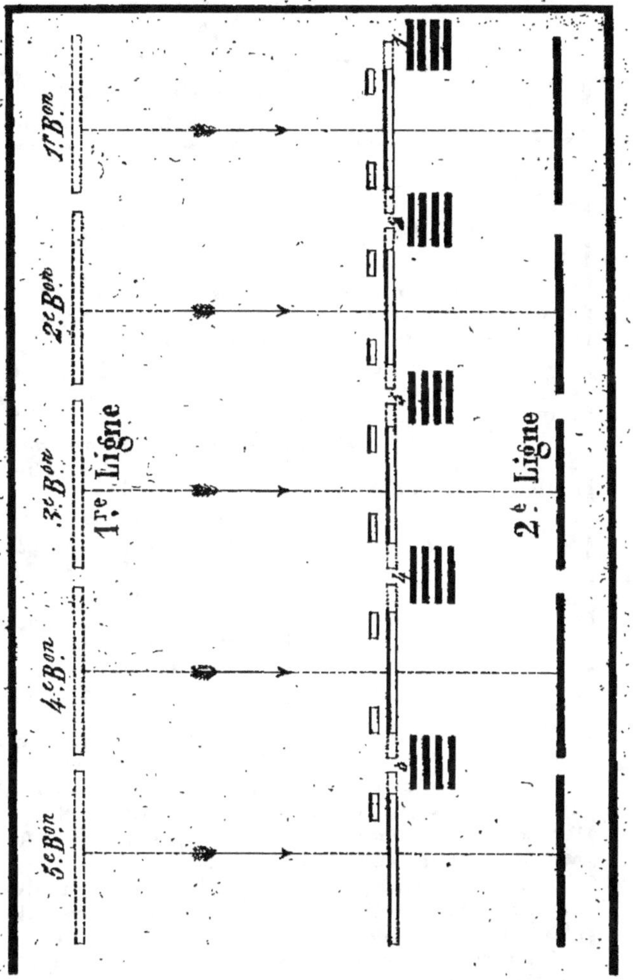

5.e Bon
4.e Bon
3.e Bon
2.e Bon
1.re Bon
1.re Ligne
2.e Ligne

EXPLICATIONS.	COMMANDEMENTS	
	du commandant en chef.	des chefs de bataillon.

Passage des lignes en avant.

Le commandant de la 2.ᵉ ligne reçoit l'ordre de faire former ses bataillons en colonnes doubles serrées en masse, lesquelles colonnes se portent ensuite, par le flanc, vis-à-vis les intervalles des bataillons de la 1.ʳᵉ ligne, après quoi le commandant de cette 2.ᵉ ligne commande.............	1. *Passage des lig. en avant.*	1. *Passage des lig. en avant.*
Les chefs de bataillon de la 2.ᵉ ligne répètent seuls ce commandement.	2. *Bataillons en avant ...*	2. *Bataillon en avant.*
		3. *Guide au centre.*
	3. *Pasaccéléré* ═ MARCHE..	4. *Pasaccéléré* ═ MARCHE.

Chaque colonne se dirige sur le milieu de l'intervalle qui se trouve devant elle, et lorsqu'elles ne sont plus qu'à quelques pas de la 1.ʳᵉ ligne, les chefs de bataillon de celle-ci font ployer leurs 1.ᵉʳ et 8.ᵉ pelotons à 3 pas derrière les 7.ᵉ et 2.ᵉ; ils rentrent en ligne aussitôt que les colonnes ont passé.

Dès que la 2.ᵉ ligne a traversé la 1.ʳᵉ, on indique le bataillon de direction et tous prennent le guide de ce côté; le bataillon de direction le prend à droite.

En arrivant sur le terrain qui lui est indiqué, la 2.ᵉ ligne est arrêtée et les colonnes déployées.

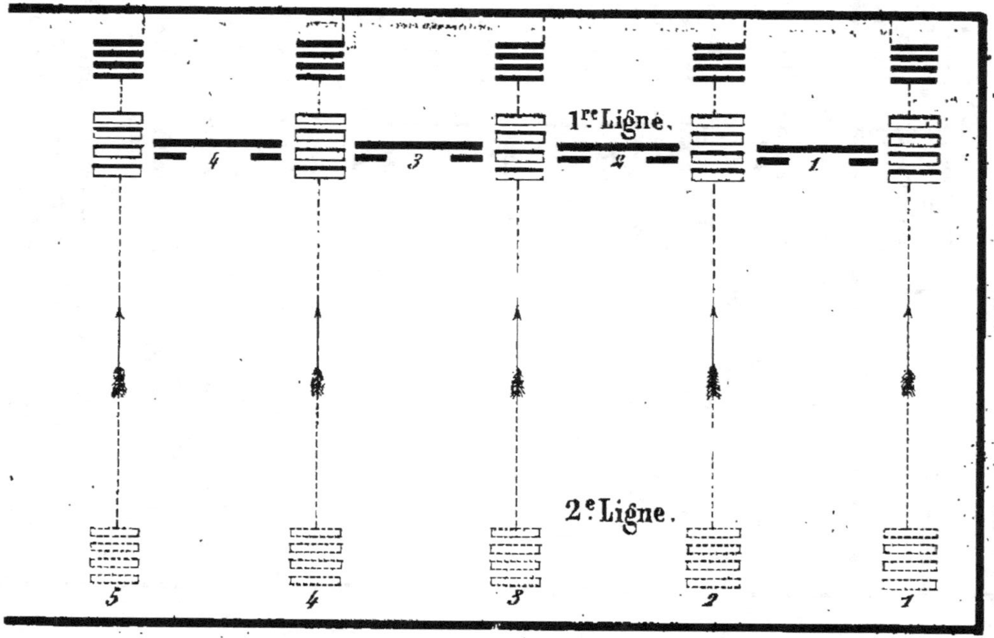

1re Ligne.
2e Ligne.
1
2
3
4
5
1
2
3
4

EXPLICATIONS.	COMMANDEMENTS	
	du commandant en chef.	des chefs de bataillon.

Dispositions contre la cavalerie.

Un carré ne sera jamais de plus de 3 bataillons; s'il y en avait un plus grand nombre, il faudrait former plusieurs carrés et les échelonner.

Soit 3 bataillons en colonne par peloton à distance entière, le commandant eu chef fait d'abord former les divisions et serrer à distance de peloton sur telle division qu'il veut, en comm.

	du commandant en chef.	des chefs de bataillon.
	1. *Pour former le carré.*	1. *Pour former le carré.*
	2. *A distance de peloton serrez la colonne......*	2. *A distance de peloton serrez la colonne.*
	3. *Pas accéléré* $=$ MARCHE..	3. *Pas accéléré* $=$ MARCHE.

S'il n'y avait que 2 bataillons, la 4.ᵉ division du 1.ᵉʳ resterait en réserve dans le carré; s'il y en a trois, la réserve se forme avec les 4.ᵉˢ divisions des 1.ᵉʳ et 2.ᵉ bataillons, lesquelles mettent chacune 3 files de droite et de gauche en arrière et serrent ensuite en masse sur celle qui les précède.

La 1.ʳᵉ division qui suit une 4.ᵉ destinée à être mise en réserve, serre à distance de peloton sur la 3.ᵉ du bataillon qui la précède.

La dernière 4.ᵉ division de la colonne serre à distance de peloton comme les autres; mais au moment où elle est arrêtée, tous les serre-files passent en avant du 1.ᵉʳ rang et font face à la tête de la colonne.

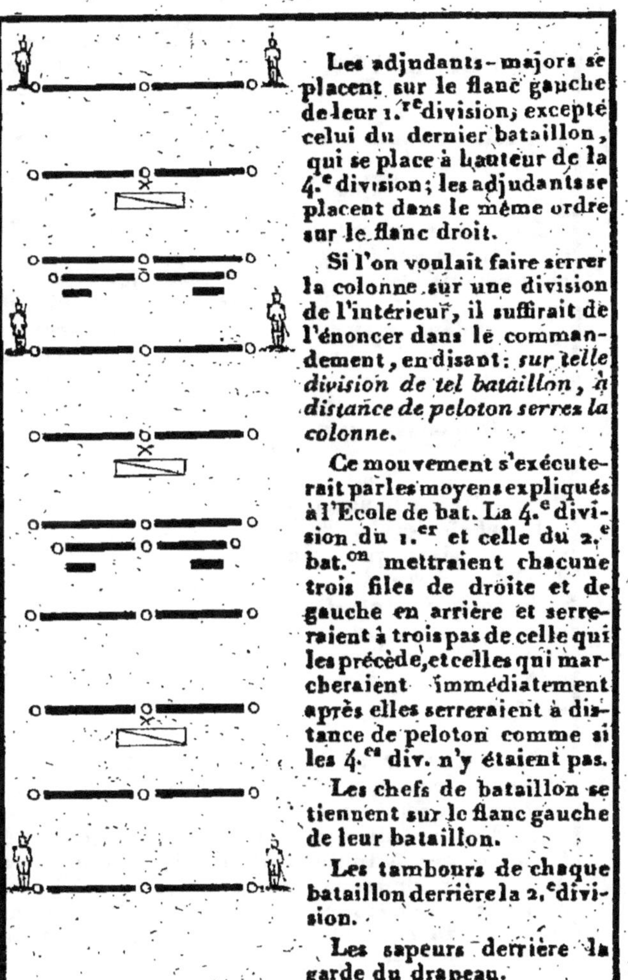

Les adjudants-majors se placent sur le flanc gauche de leur 1.re division, excepté celui du dernier bataillon, qui se place à hauteur de la 4.e division; les adjudants se placent dans le même ordre sur le flanc droit.

Si l'on voulait faire serrer la colonne sur une division de l'intérieur, il suffirait de l'énoncer dans le commandement, en disant: *sur telle division de tel bataillon, à distance de peloton serrez la colonne.*

Ce mouvement s'exécuterait par les moyens expliqués à l'École de bat. La 4.e division du 1.er et celle du 2.e bat.^{on} mettraient chacune trois files de droite et de gauche en arrière et serreraient à trois pas de celle qui les précède, et celles qui marcheraient immédiatement après elles serreraient à distance de peloton comme si les 4.es div. n'y étaient pas.

Les chefs de bataillon se tiennent sur le flanc gauche de leur bataillon.

Les tambours de chaque bataillon derrière la 2.e division.

Les sapeurs derrière la garde du drapeau.

EXPLICATIONS.	COMMANDEMENTS	
	du commandant en chef.	des chefs de bataillon.

Former le carré.

La colonne étant formée, le commandant en chef commande........	1. *Formez le carré......*	1. *Formez le carré.*
L'adjudant-major et l'adjudant du 1.er bataillon alignent les guides sur ceux de la dernière division, lesquels élèvent la crosse en l'air.		2. *A droite et à gauche en bataille.*
La 1.re div.on est avertie qu'elle ne bouge pas.		
Les chefs des div.ons de réserve, ainsi que celui de la dernière 4.e division, commandent : *Division en avant, Guide au centre* pour les deux premières et *Guide à gauche* pour la dernière.	2. *Pas accéléré* = MARCHE.	3. *Pas accéléré* = MARCHE.

Au commandement de *Guide au centre* des chefs des divisions de réserve, les guides de droite et de gauche rentrent en serre-file.

La dernière division serre tout près, est arrêtée, fait demi-tour à droite et est alignée à droite. Les chefs des divisions de réserve les portent en avant l'étendue du front d'un peloton et font doubler les sections sur les deux du centre; les files en arrière rentrent en ligne en même temps.

Le p.-drapeau recule sur l'alignement des serre-files.

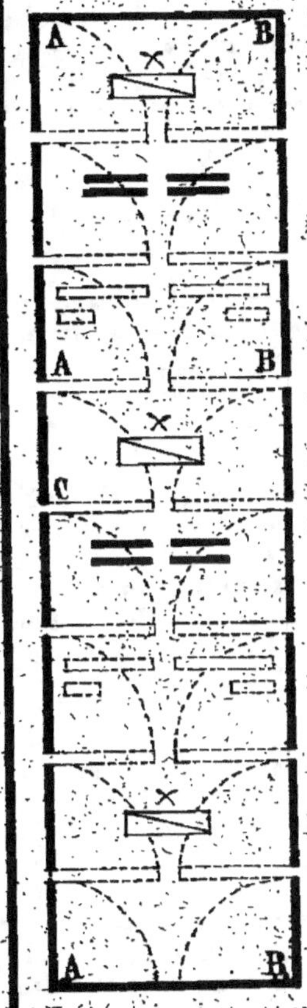

Le carré étant formé, le commandant en chef fait rentrer les guides à son seul commandement.

Les guides, les adjudants-majors et les adjudants, entrent dans le carré par le créneau le plus près.

Les chefs de peloton qui ont fait à droite en bataille, restent à la gauche avec leur guide de gauche derrière eux. Les sous-officiers de remplacement rentrent en serre-file.

Les faces d'un carré sont :

1.re face, 1.re division ;

4.e face, derrière 4.e division ;

2.e face, les pelotons impairs,

3.e face, les pelotons pairs.

Le plus ancien chef de bat.^{on} commande la 2.e face, et le suivant la 3.^e

Les adjudants-majors se placent derrière la 3.e face aux points A ; les adjudants, dans le même ordre, derrière la 2.e face aux points B.

Les tambours de chaque bat.^{on} qui se sont portés en avant l'étendue du front d'un peloton, se mettent sur un rang.

Avant que le mouvement commence, les sapeurs se placent sur un rang derrière la garde du drapeau au point C.

Les chefs de bataillon se placent à hauteur de leurs tambours.

EXPLICATIONS	COMMANDEMENTS	
	du commandant en chef.	des chefs de bataillon.

Colonne contre la cavalerie.

Si une colonne serrée en masse était menacée par la cavalerie et qu'elle n'eût pas le temps de se former en carré, le commandant en chef commanderait :

		Colonne con-
		tre la cava-
		lerie.

A ce commandement, répété par les chefs de bat.^{on}, tous les guides rentreraient en serre-file ; la dernière division ferait face par le 3.e rang, et toutes, excepté la 1.re et la dernière, feraient mettre autant de files de droite et de gauche en bataille qu'il en faudrait pour fermer les intervalles ; les autres files appuieraient tout près des 2.e et 3.e faces de ce carré.

L'avant-dernière division met des files en bataille en nombre double des autres, devant fermer l'intervalle qui est devant elle et celui qui est derrière.

Si le temps permettait de former le carré, l'on ferait prendre distance de peloton par les moyens indiqués à l'École de bataillon, en observant ce qui a été dit, pages 106 et 108, pour les divisions de réserve, qui sont les mêmes dans tous les cas ; ces divisions mettent trois files de droite et de gauche en arrière chacune : dès le premier commandement, les guides rentrent aussi en serre-file.

EXPLICATIONS.	COMMANDEMENTS	
	du commandant en chef.	des chefs de bataillon.

Étant en carré, former la colonne pour la porter en avant ou en retraite.

EXPLICATIONS.	du commandant en chef.	des chefs de bataillon.
Les chefs des divisions de réserve font les commandements préparatoires pour faire déployer leurs sections, et ils répètent le commandement de MARCHE pour l'exécution du mouvement, après quoi ils font porter trois files de droite et de gauche en arrière.	1. *Formes la colonne....*	Les chefs des diverses faces font les commandements indiqués à l'Éc. de bat.^{on}
Si le commandant en chef veut faire marcher en retraite, il commande, après l'exécution du mouvement..............	2. *Pas accéléré* — MARCHE.. 1. *Pour marcher en retr.*	*Pas accéléré* — MARCHE.
Les files en arrière des divisions de réserve rentrent en ligne.	2. *Face par le 3.e rang.*	1. *Face par le 3.e rang.* 2. *Bataillon demi - tour* — A DROITE.

Les chefs de division passent par le créneau du centre et les serre-files par les flancs extérieurs. Le 2.e chef de peloton se porte au 3.e rang devenu 1.er, et le remplacement derrière lui. Les divisions de réserve serrent sur celles qui sont devant elles et mettent leurs files en arrière. La gauche étant en tête, l'on peut former le carré par les moyens indiqués à la page 108.

EXPLICATIONS.	COMMANDEMENTS	
	du commandant en chef.	des chefs de bataillon.

Rompre le carré.

EXPLICATIONS.	du commandant en chef.	des chefs de bataillon.
	1. *Rompez le carré.*	
Le chef de la 1.re face ajoute..............	....	1. 1.re *div. en avant.* 2. *Guide à g.*
Celui de la 2.e face....	....	1. *2.e face par le fl. gauche* = A GAUCHE. 2. *Par peloton par file à gauche.*
Celui de la 3.e face....	....	1. *3.e face par le flanc dr.* = A DROITE. 2. *Par peloton par file à droite.*
Celui de la 4.e face la prévient qu'elle ne bouge pas.	2. *Pas accéléré* = MARCHE..	

La 4.e face fait demi-tour à droite et les serre-files repassent derrière le 3.e rang.

Les divisions de réserve dédoublent les sections.

Les adjudants-majors, les adjudants, les sapeurs et les tambours reprennent leur place de colonne.

Le porte-drapeau reprend sa place au 1.er rang

EXPLICATIONS.	COMMANDEMENTS	
	du commandant en chef.	des chefs de bataillon.
Bataillons déployés devant former le carré perpendiculaire.	1. *Pour former le carré.*	1. *Pour former le carré.*
	2. *Colonne à dist. de pel. par division.*	2. *Colonne à dist. de pel. par division.*
	3. *Sur la 1.re division du 2.e bataillon la dr. en téte en colonne.*	3. *Sur la 1.re division du 2.e bataillon la dr. en téte en colonne.*
		4. *Bat. à g. (ou à droite)*
	4. *Pas accéléré* ═ MARCHE.	5. *Pas accéléré* ═ MARCHE.

Les divisions de réserve serrent à trois pas de celles qui les précèdent et mettent leurs files en arrière dès qu'elles sont alignées.

Cette formation peut avoir lieu sur telle division que l'on veut, avec la droite ou la gauche en tête ; les principes restent les mêmes.

La 1.re division du 3.e bataillon attend que les trois autres se soient ployées en colonne derrière elle, alors cette colonne se porte par le flanc et par la diagonale vers l'emplacement qu'elle doit occuper.

E   8

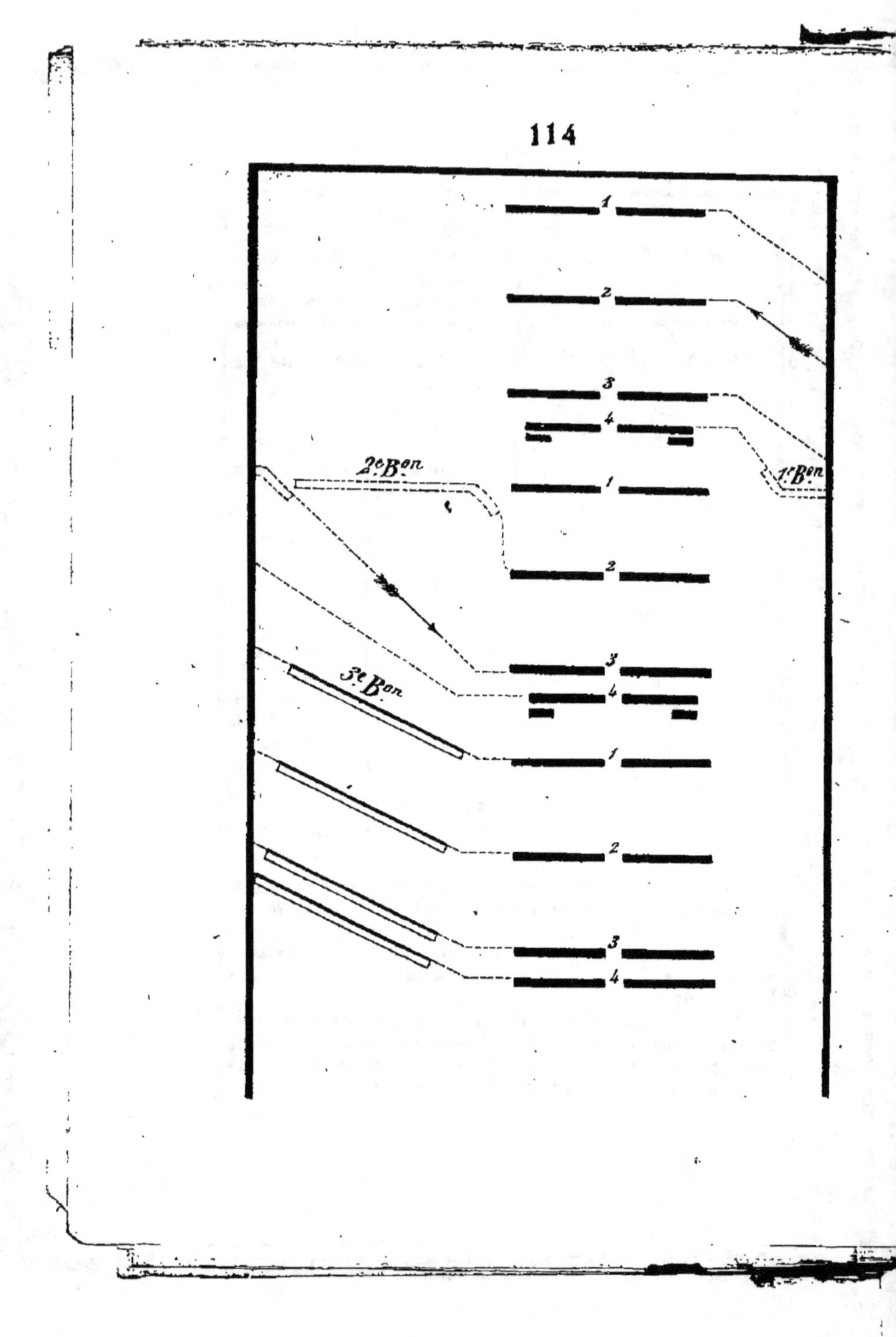

114
1
2
3
4
2e Bon
1e Bon
1
2
3e Bon
3
4
1
2
3
4

EXPLICATIONS.	COMMANDEMENTS	
	du commandant en chef.	des chefs de bataillon.

Carrés perpendiculaires en échelons.

Ces carrés seront toujours formés par régiment ou par bataillon déployé ou déjà formé en colonne à distance de peloton par division ; c'est-à-dire qu'un échelon sera composé d'un régiment ou d'un bataillon.

Supposons un régiment de 3 bataillons devant former les carrés en échelons, sur le 2.e bataillon, ce qui embrasse tous les cas, et chaque bataillon déjà formé en colonne, le commandant en chef commandera :

EXPLICATIONS.	du commandant en chef.	des chefs de bataillon.
	1. *Pour former le carré.*	1. *Pour former le carré.*
	2. *Échelons par bat.on à tant de pas.*	
	3. *Sur le 2.e bat.on, l'aile dr. en avant, formez les échelons …*	2. *Échelons par bat.on à tant de pas.*
		3. *Sur le 2.e bat.on, l'aile dr. en avant, formez les échelons.*
Le chef du 1er bataillon ajoute....................		4. *Col. en av.*
		5. *Guide à g.*
Celui du 3.e		4. *Face en arr*
		5. *B.on d.-tour*
		⚌ A DROITE.
		6. *Col. en av.*
		7. *Guide à g.*
	4. *Pas accéléré*	8. *Pas accéléré*
	5. MARCHE.	9. MARCHE.

Le 2.e bataillon forme le carré aussitôt que le mouvement commence. Les 1.er et 3.e bataillons le forment également lorsqu'ils ont marché le nombre de pas déterminé.

Si les bataillons formaient les échelons étant déployés, le chef de chaque bataillon le ferait ployer en colonne, la droite ou la gauche en tête, selon l'avertissement du commandant en chef.

On reforme la ligne, après avoir rompu les carrés, comme il est dit à la page 97. Les bataillons étant de pied ferme doivent être mis en marche au commandement de leur chef respectif pour se porter sur la ligne.

Il faut observer que les colonnes soient bien assises sur des lignes bien parallèles entre elles, et qu'il y ait de 5o à 6o pas d'intervalle de la 1.re face d'un carré à la 4.e face de celui qui le précède.

Une colonne qui devra être partagée en plusieurs carrés s'échelonnera d'après les mêmes principes. La portion qui doit former l'échelon, base du mouvement, ne bougera pas et les autres se porteront à droite ou à gauche à la distance qui aura été fixée par le commandant en chef, soit en marchant par le flanc, soit en déboîtant de la colonne par une conversion.

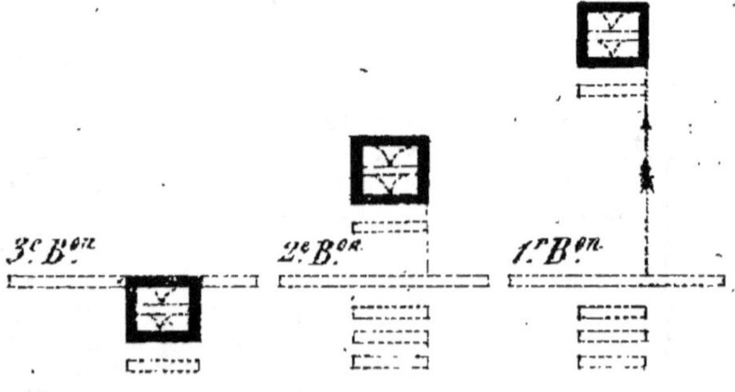

EXPLICATIONS.	COMMANDEMENTS	
	du commandant en chef.	des chefs de bataillon.

Carrés obliques par bataillon étant en bataille.

EXPLICATIONS.	du commandant en chef.	des chefs de bataillon.
	1. Carrés obliques par bataillon.	*1. Carré oblique par bataillon.*
	2. Sur la 1.re division formez le carré.	*2. Sur la 1.re division formez le carré.*
L'adjudant-major de chaque bataillon mesure l'angle en marchant 12 pas le long du 1.er rang du 1.er peloton et de droite à gauche, ensuite il marche 12 autres pas perpendiculairem. en avant, s'arrête et place un jalonneur en A, lequel fait face à la droite du peloton, le guide de droite fait face à ce jalonneur en B; enfin, un 3.e jalonneur est placé face à droite en C. Le chef de la 1.re division la porte aussitôt contre les jalonneurs, par une conversion à droite, de pied ferme, et l'aligne à gauche. Ces dispositions étant		

EXPLICATIONS.	COMMANDEMENTS	
	du commandant en chef.	des chefs de bataillon.
faites, les chefs de bataillon ajoutent............	....	3. *Colonne à distance de peloton par division.* 4. *Sur la 1.re division la droite en tête en colonne.* 5. *Bataillon* = A DROITE. 6. *Pas accéléré* = MARCHE.

La 2.e division déboîte en avant, les 3.e et 4.e déboîtent légèrement en arrière.

Lorsque chaque bataillon est ployé, son chef lui fait former le carré, sans attendre aucun commandement et sans se régler sur les autres.

Les colonnes pourraient être formées sur la 4.e division, d'après les mêmes principes et par les commandements inverses.

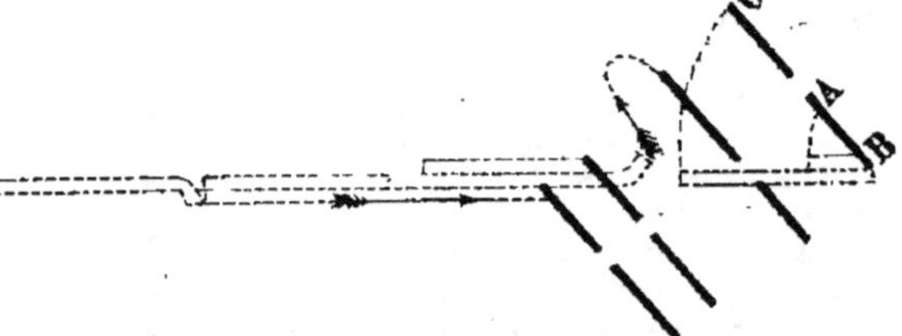

EXPLICATIONS.	COMMANDEMENTS du commandant en chef.	des chefs de bataillon.

Carrés obliques par bataillon étant en colonne.

EXPLICATIONS.	COMMANDEMENTS du commandant en chef.	des chefs de bataillon.
Les colonnes étant en ligne de bataille.......... L'adjudant-major de chaque bataillon place aussitôt 2 jalonneurs A et B contre la 1.re division, un 3.e C, à 12 pas sur la droite de cette division, si le changement de direction se fait par le flanc droit, et sur la gauche, s'il se fait par le flanc gauche; ensuite il compte 12 pas perpendiculairement en avant de C, place un 4.e jalonn.^{r} D faisant face à A, et enfin, un 5.e jalonneur E, sur le prolongem. de D A et à distance de division de ce dernier. Ces dispositions étant faites, chaque chef de bataillon, sans se régler sur les antres, fait exécuter le changement de direction et former le carré.	1. *Pour former les carrés obliques par bataillon.* 2. *Changem. de direction par le flanc droit (ou g.)*	1. *Pour former les carrés obliques par bataillon.* 1. *Changem. de direction par le flanc droit (ou g.)*

Une colonne à distance entière peut également former les carrés obliques, chaque chef de bataillon fait serrer à demi-distance sur la 1.re division; le reste s'exécute comme ci-dessus.

EXPLICATIONS.	COMMANDEMENTS du commandant en chef.	des chefs de bataillon.
Étant en carrés obliques, reformer les colonnes en ligne de bataille.		
	1. Rompez les carrés	*1. Rompez les carrés.*
Chaque chef de bataillon fait ensuite rompre son carré par les commandements et moyens indiqués à l'École de bataillon. Les carrés étant rompus, le commandant en chef place 2 jalonneurs à 5o pas en avant du bataillon de direction, et commande............	*2. 2.ᵉ bt. de direction .*	*2. 2.ᵉ bat. de direction.*
	3. Guides sur la ligne...	*3. Guides sur la ligne.*
L'adjudant-major de chaque bataillon se détache avec deux jalonneurs qu'il place vis-à-vis son bataillon, sur le prolongement de ceux établis		

EXPLICATIONS.	COMMANDEMENTS	
	du commandant en chef.	des chefs de bataillon.
par le commandant en chef et en conservant l'intervalle du côté du bataillon de direction, après quoi chaque chef de bataillon............	....	4. *Colonne en avant.* 5. *Guide à gauche.* 6. *Tête de colonne à dr.* 7. *Pas accéléré = MARCHE.*

Le guide se prend toujours du côté du bataillon de direction.

Dès qu'une colonne arrive à 3 pas des jalonneurs, elle est arrêtée et alignée du côté de la direction.

TABLE
DES ÉVOLUTIONS DE LIGNE,

DIVISÉES

EN 6 LEÇONS DE 3 PAUSES CHACUNE.

———

FIN.

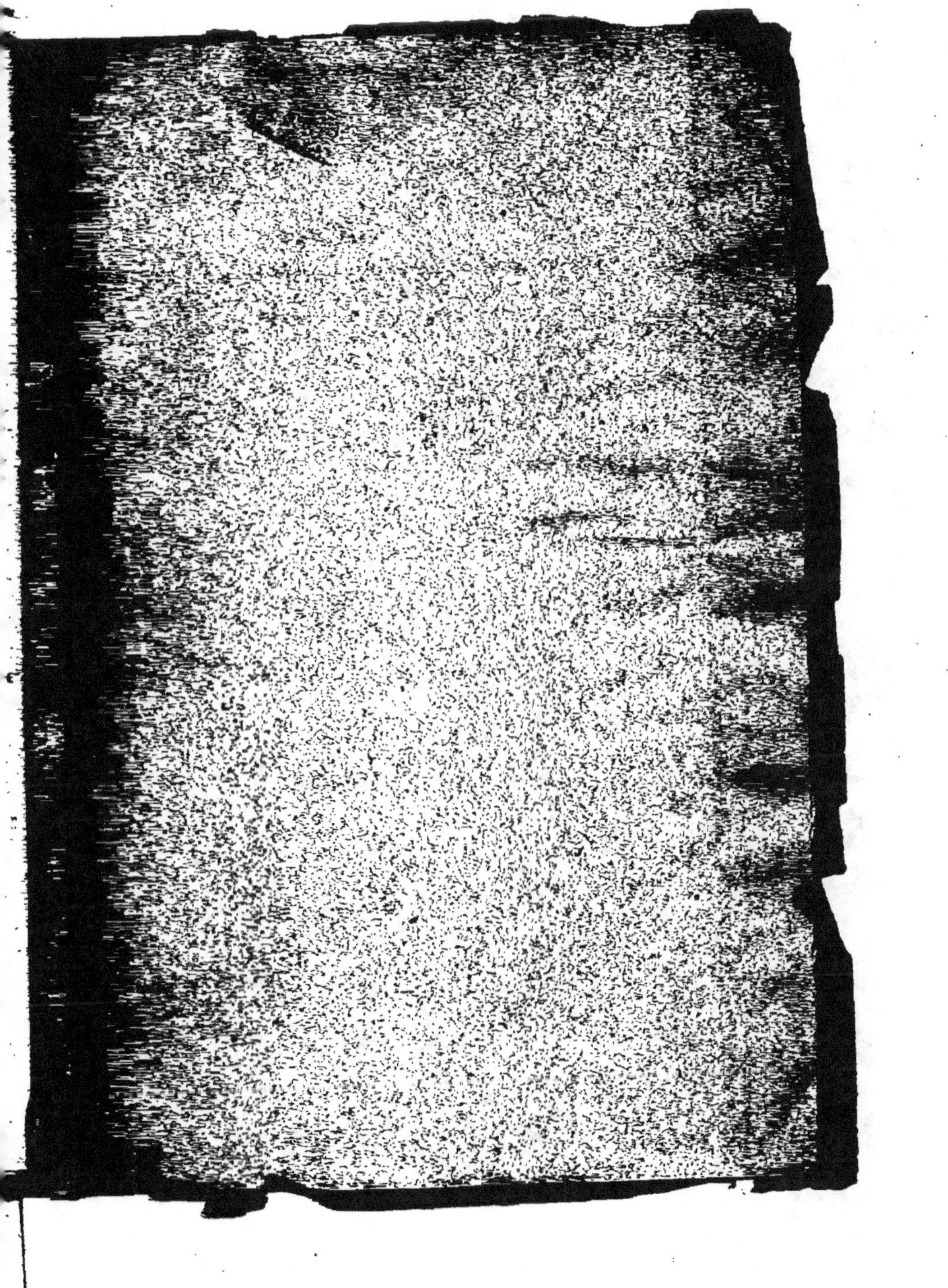